**WELTKUNST**
Antiquitäten-Führer

# Design

## des 20. Jahrhunderts

WELTKUNST
Antiquitäten-Führer

Dieter Weidmann

# Design

## des 20. Jahrhunderts

Deutscher Kunstverlag

**WELTKUNST**
Antiquitäten-Führer

Herausgeberin: Dr. Renate Möller

Titelbild: Sessel »31«, Entwurf Alvar Aalto, 1931/32 (Foto: Kunsthandel Herbert Asenbaum, Wien)

Umschlagrückseite: »Goethe«-Schreibtischleuchte, 30er Jahre (Kunst- & Auktionshaus Herr, Köln)

Frontispiz: Stahlrohrsessel, nach dem Vorbild des Thonet-Modells B43, Entwurf Marcel Breuer, 1930
(Foto: Auktionshaus Quittenbaum, München)

Die Deutsche Bibiliothek – CIP-Einheitsaufnahme

**Design des 20. Jahrhunderts** / Dieter Weidmann. –
München ; Berlin : Dt. Kunstverl., 1998
(Weltkunst-Antiquitäten-Führer)
ISBN 3-422-06233-5)


Konzeption: Dr. Renate Möller
Grafik: Atelier Höpfner-Thoma, München
Umschlaggestaltung: Gabriela Pohl
Layout: Teresa French
Lektorat: Elisabeth Motz
Herstellung: Rudolf Winterstein
Anzeigen: Inge Müller
Lithos: Repro-Center Färber, München
Druck: Hofmann-Druck, Augsburg
Bindung: Großbuchbinderei Monheim, Monheim

ISBN 3-422-06233-5

# Inhalt

# Vorwort

Mit diesem durchgehend farbigen Bildband über das faszinierende und lange unterschätzte Thema Design möchte ich Sammlern, Liebhabern und allen Interessierten ein kompaktes Werk als Einsteigerbuch, Nachschlagewerk, Preiskatalog und anregende Lektüre in einem anbieten.

Beim 14. Band der Antiquitäten-Führer-Reihe war ich bezüglich der Objektauswahl im Bereich des Designs in der glücklichen Lage, sowohl berühmte Highlights als auch noch gänzlich unpubliziertes Material abbilden zu können. Erfaßt ist prinzipiell Design des 20. Jahrhunderts, ergänzt durch einige Vorläufer. Besonderer Wert wurde auf interessante Gegenüberstellungen in zeitlicher, stilistischer, materieller, formaler und personeller Hinsicht gelegt, um so die Objekte in einen auch visuell nachvollziehbaren Kontext einzubetten.

*Stahlrohr-Plastikstuhl »Condor«, Entwurf Andries und Hiroko van Onck, 70er Jahre.*

Ein großes Anliegen war es mir, nicht nur hochpreisige Objekte, sondern auch solche, die kaum etwas kosten, aber museale Qualität besitzen, vorzustellen.

Der Einleitungsteil vermittelt in komprimierter Form Basiswissen über den hochkomplexen Bereich Design, wobei auf umfangreichere lexikalische Angaben bewußt verzichtet wurde, da diese in weit ausführlicherer Form, als es hier möglich gewesen wäre, leicht zugänglich sind (siehe Bibliographie). Größter Wert wurde dagegen darauf gelegt, wichtige Grundzusammenhänge und Entwicklungsverläufe herauszuarbeiten.

Wie in allen »Weltkunst Antiquitäten-Führern« erhalten Sie auch hier aktuelle Tips zur Aufbewahrung, Restaurierung und Unterscheidung von Echt und Falsch. Im Designbereich stellt sich zusätzlich das Problem der Re-Editionen und deren Kopien. Neben Informationen zum richtigen Einkauf werden die gegenwärtige Marktlage und Möglichkeiten der Kapitalanlage erörtert.

Großer Dank gebürt den Bildgebern bzw. Leihgebern der Objekte – sie sind alle mit Namen und Adresse auf S. 44 aufgeführt – sowie allen, die durch Informationen und geduldige Gespräche zum Zustandekommen dieses Bandes beigetragen haben. Besonders hervorheben möchte ich Alfred Ostermeier, München. Ohne seine Hilfe, sein Fachwissen und seinen reichen Fundus an Designobjekten hätte das Buch nicht in dieser Form erscheinen können. Besonders hilfreich waren auch Wolfgang Maurer, München, der Zeit und Fotos zur Verfügung stellte, und das Auktionshaus Herr, Köln, von dem ich bei meinen Fotoarbeiten freundlich unterstützt wurde. Wertvolles Fotomaterial verdanke ich auch dem Auktionshaus Quittenbaum, München, und besonders dem Kunsthandel Asenbaum, Wien.

Für ihre tatkräftige Unterstützung bei diesem Buchprojekt möchte ich mich auch bei meiner Frau bedanken.

Ganz besonderer Dank gebührt wieder dem Team des Deutschen Kunstverlags, vor allem den Verlagsleitern Elisabeth Motz und Rudolf Winterstein sowie den Grafikerinnen Gabriela Pohl und Teresa French, die mit großem Engagement diese Buchreihe betreuen.

*München, im Sommer 1998*
*Dr. Dieter Weidmann*

# Einführung

## Design: die Kunstform des 20. Jahrhunderts

Heute spricht jeder von Design. Es gibt Designer-Klamotten, Designer-Möbel, Designer-Drogen, Graphik-Designer und Industrie-Designer. Design ist in aller Munde. Jeder will es, jeder hat es, und kaum einer weiß, was es ist. Inzwischen keimt bei manchem der Verdacht, Design sei ein Marketing-Trick, von dem man sich – wie von der Mode der letzten Saison – möglichst fernhalten sollte.

Grundsätzlich ist Design alles, was uns umgibt. Werfen Sie einen Blick um sich und suchen Sie etwas, das nicht Design ist. »Die Natur!«, werden Sie sagen. Aber auch die Natur ist bei uns gezüchtet, manipuliert, gestaltet, mit einem Wort: »designt«. Auch Architektur ist nur ein anderer Begriff für Design, nämlich Design von Häusern oder etwa U-Bahnhöfen. Jeder Gegenstand, jede Kleidung, jedes Möbel, jede Lampe, jedes Gerät, also schlichtweg alles, hat irgendwann einmal ein Designer erdacht.

Wir werden mit Design regelrecht überschüttet, übersättigt, ja »zugemüllt«. Design wird zum Entsorgungsproblem. Heute stellt sich zunehmend nicht mehr die Frage: Ist ein Objekt schön gestaltet, sondern: Ist es biologisch abbaubar oder recyclefähig?

Design (das neue, wohlgemerkt) war das Thema der 80er Jahre. In den 90ern finden Rückbesinnung und Konsolidierung statt. Rückblickend war das 20. Jahrhundert das Jahrhundert des klassischen Designs. Und am Ende des zweiten Jahrtausends wird es Zeit, Bilanz zu ziehen.

Mehr noch als in anderen Bereichen scheidet beim Design die Geschichte die Spreu von Weizen. Gutes Design wird aufbewahrt, schlechtes weggeworfen (manchmal leider auch umgekehrt). Auch die öffentlichen Sammlungen mühen sich um die Bewahrung des Design-Kulturerbes. Dabei stehen sie in der Tradition der im 19. Jahrhundert zur Hebung des Kunsthandwerks und des öffentlichen Geschmacks gegründeten Kunstgewerbemuseen, die wie in Berlin und Köln dem modernen Design inzwischen im Keller ein wenig Platz eingeräumt haben.

Neben der vielzitierten und fast schon legendären Designabteilung des Museum of Modern Art in New York besitzt auch Deutschland eine Designsammlung auf Weltniveau, die Neue Sammlung in München. Ab 1999 soll ein winziger Bruchteil der riesigen Sammlung nach mehr als 50 Jahren Wartezeit in der neu erbauten Pinakothek der Moderne öffentlich präsentiert werden.

Lange Zeit war gutes Design eine Angelegenheit, die Idealisten und staatliche Stellen mit nur geringem Erfolg einer indifferenten Öffentlichkeit schmackhaft machen wollten, mit Ausstellungen und Publikationen des Werkbundes, des Bauhauses, amtlicher Stellen oder des Rates für Formgebung.

Dies hat sich inzwischen geändert. Künstler wie Marcel Breuer, Eileen Gray, Jean Prouvé, Le Corbusier, Wilhelm Wagenfeld oder Dieter Rams – einst allenfalls wenigen Kennern geläufige Namen – treten mittlerweile aus dem Dunkel der Geschichte und sind heute populärer als zu ihrer Zeit. Seit kurzem engagieren sich auch die internationalen

*Stühle von Charles Eames (1907 – 1978) sind in allen wichtigen Designsammlungen vertreten.*

Auktionshäuser verstärkt beim Handel mit Design. Dies hat den Markt in Bewegung gebracht, die Akzeptanz der Objekte und die Preise steigen lassen.

Das klassische Design ist ein Gegenstand heftigster Kontroversen, ideologischer Kriege, verpaßter Gelegenheiten, der Ignoranz und der Vernichtung. Anders als das klassische Kunsthandwerk wurde es selten geschätzt, gepflegt, bewahrt und vererbt, sondern meist verschmäht, verschlissen und im Sperrmüll entsorgt. Damit ist Design zum klassischen Sammelgebiet prädestiniert. So wie die Brüder Boisserée die alte gotische Malerei, als man sie Anfang des 19. Jahrhunderts nach der Säkularisation aus den Kirchen auf den Müll warf, vor der Vernichtung bewahrten, befinden sich heute eifrige Sammler nicht nur in einem Wettkampf gegeneinander, sondern auch mit der Zeit und den kommunalen Sperrmüllbehörden. Sie suchen Flohmärkte ab, versuchen sich in den zahlenmäßig allmählich anschwellenden Publikationen zu informieren und ihren Blick für Qualität zu schärfen.

Designklassiker kennen wir heute vor allem aus den Re-Editionen, die ab den 60er Jahren in Mode kamen. Was einstmals für wenig Geld kaum Käufer fand, wird nun für viel Geld an ein stilbewußtes Publikum vermarktet. Im Design stehen wir vor der Situation, daß die Originale oft weniger kosten als die Kopien. Allerdings sind jene meist sichtbar gebraucht, diese aber funkelnagelneu. Dafür aber ist der Sammelwert von letzteren gering.

Design ist im Gegensatz zu anderen Bereichen des Antiquitätenmarktes weit weniger eine Frage des Geldes als eine Frage von Kompetenz und gutem Geschmack. Hier Anregungen und Hilfestellungen zu geben, ist auch erklärtes Ziel dieser Publikation.

*»Marshmellow«-Bank, entworfen von George Nelson (1907–1986) für Herman Miller, um 1956.*

## Zum Begriff »Design«

Der Begriff »Design« in seiner heutigen Bedeutung bezieht sich auf das Phänomen der Industrieproduktion, die – abgesehen von einigen Vorläufern – erst im 20. Jahrhundert richtig in Gang kam. Die Produktgestaltung gibt es allerdings schon sehr viel länger, im Grunde seit den Tagen des Faustkeils. Das Wort rührt vom lateinischen »designare« her und bedeutet so viel wie »zeichnen«, »entwerfen«. Konkret kommt der Begriff »Design« aus dem Englischen und heißt dort einfach »Entwurf«.

Bereits in der italienischen Renaissance verwendete Giorgio Vasari den Begriff des »disegno«. Der als Kunstschriftsteller berühmte Architekt war übrigens auch Maler, doch als solcher kaum gut genug, als daß seine Bilder im den von ihm erbauten Uffizien in Florenz hängen würden. »Disegno« bedeutete für ihn »zeichnerischer Entwurf«, aber auch »Idee und Konzept« des auszuführenden Werkes.

### *Trennung von Entwerfer und Ausführendem*

Bereits damals wurde über die Frage debattiert, ob bei einem Kunstwerk der Entwurf oder die künstlerische Ausführung wichtiger sei. Wurde in Florenz die Bedeutung des zeichnerischen Entwurfs betont, hielt man in Venedig die malerische Ausführung für entscheidend. Generell läßt sich konstatieren, daß etwa im Atelier des vielbeschäftigten Malerfürsten Rubens eine Teilung von Entwurf und Ausführung praktiziert wurde. Dabei stammte der Entwurf von Rubens selbst, während die Ausführung vor allem bei Großaufträgen wie dem Medici-Zyklus (heute im Louvre) teilweise von hochspezialisierten Künstlerkollegen übernommen wurde.

Bis ins 19. Jahrhundert war die Aufteilung von Entwurf und Ausführung in der Malerei durchaus allgemein geläufige und vielkritisierte Praxis. Allerdings war sie keineswegs so häufig wie oft, etwa in bezug auf Giotto und die mittelalterliche Kunst, behauptet wird. In der mittelalterlichen Malerei war »Teamwork« allein schon aufgrund der schlechteren Auftragslage nicht üblich.

Im 18. Jahrhundert bürgerte sich dann die Forderung nach Eigenhändigkeit der künstlerischen Ausführung für ein Originalkunstwerk ein. Erst die sog. Konzeptkunst der 1970er Jahre hat diese Forderung nach Eigenhändigkeit wieder in Frage gestellt und die Priorität der Idee in den Vordergrund gerückt.

Ebenso selbstverständlich aber wie in der Malerei heute die Einheit von Entwurf und Ausführung als grundlegend für den Kunstanspruch gilt, ist die Trennung von Entwurf und Ausführung in anderen Kunstgattungen, etwa der Architektur oder der Musik. Niemand würde von einem Architekten erwarten, daß er selbst ein großes Gebäude Stein für Stein errichtet. Genauso absurd wäre es, von einem Dirigenten zu erwarten, daß er eine Symphonie eigenhändig aufführt, da er ja nicht gleichzeitig dirigieren, blasen, trommeln und geigen kann.



Allerdings wird von einem Architekten erwartet, daß er nicht nur einen Entwurf für ein Gebäude liefert, sondern auch die Ausführung, die Auswahl der Baumaterialien usw. überwacht. Zwar setzen andere den Entwurf des Architekten ins Werk, aber unter Anleitung und Kontrolle des Entwerfers. Auch wird bei einem Architekten vorausgesetzt, daß er die Möglichkeiten und Grenzen des Bauwesens kennt, so daß sein Entwurf die baulichen Gegebenheiten, das konkrete Ambiente und die zur Verfügung stehenden Materialien berücksichtigt. Auch ein Komponist muß so komponieren, daß sein Werk spielbar ist.

### *Die vervielfältigte Kunst*

Die Trennung von Entwurf und Ausführung im Design hat ihren Grund in der Massenproduktion. Design stellt einen zu vervielfältigenden Entwurf dar. Auch in der traditionellen Kunst kennen wir das Phänomen der Vervielfältigung. Zum einen gibt es Abgüsse in der Bildhauerei, wobei es streng zu unterscheiden gilt zwischen Abgüssen im Sinne von Reproduktionen, die keine Kunstwerke darstellen, und Abgüssen von zum Abguß hergestellten Gußvorlagen. Diese sind als künstlerisches Original anzusprechen, vor allem, wenn der Künstler selbst die nachträgliche Oberflächenbearbeitung besorgt bzw. überwacht hat.

Ebenso Kunstcharakter besitzen Graphiken, die von einer vom Künstler hergestellten Druckvorlage gedruckt sind, wobei dieser Druckvorgang wiederum vom Künstler überwacht werden sollte, was er durch seine Signatur bestätigt. Dann spricht man von einer sog. Originalgraphik, im Gegensatz zur bloßen Reproduktionsgraphik, bei der die künstlerische Vorlage eines Künstlers, etwa ein Gemälde, druckgraphisch umgesetzt wird.

### *Limitierung*

Heute ist es üblich, Originalgraphiken in beschränkten Auflagen, d. h. limitiert, zu drucken. Dies hat zum einen den Zweck, einer qualitativen Verschlechterung durch den Verschleiß der Druckplatte – etwa bei Radierungen – vorzubeugen. Zum anderen aber ist dies eine Maßnahme zur Verknappung des Produkts und damit zur Preismanipulation.

Auch im Design gibt es – insbesondere in den 80er Jahren – das Phänomen der limitierten Auflage, das sich damit bewußt in die Nähe der etablierten Kunst begibt. Doch hat diese Auflagenlimitierung im klassischen Design keine Bedeutung. Für dessen künstlerische Qualität ist es völlig unerheblich, ob ein Stück fünf- oder fünfzigmillionenfach produziert wurde. Auswirkungen hat dies lediglich auf den Sammlerwert.

Vergleichbar der künstlerischen Graphik entwickelten Künstler im Zusammenhang mit der Konzeptkunst sog. Multiples, d. h. Objekte, die nicht einzeln, sondern in einer bestimmten, manchmal auch unlimitierten Auflage hergestellt werden, und bei denen weniger die konkrete künstlerische Endbearbeitung als vielmehr die Idee im Vordergrund steht. In gewissem Sinne könnte man ein Designobjekt als ein solches Multiple auffassen.

### *Die industrielle Umsetzung des Entwurfs*

Die industrielle Fertigung hebt nun das Verhältnis von Entwurf und Ausführung auf eine neue Ebene. Bei der Ausführung müssen nicht mehr weitere Personen mit Entscheidungsspielräumen dazwischengeschaltet werden, sondern Maschinen, die die ihnen gegebenen Vorgaben exakt einhalten. Mit einer gewissen Berechtigung ist es deshalb erlaubt zu sagen, der Designer schafft Kunstwerke (soweit der Entwurf künstlerische Substanz aufweist) unter Zuhilfenahme von Maschinen bzw. des industriellen Apparats, wozu auch die diesen bedienenden Menschen gehören, weil dieser Apparat die Vorgaben des Entwerfers exakt umsetzt.

Wichtig ist dabei, daß die industrielle Umsetzung des Entwurfs nicht im Sinne einer Reproduktion geschieht, sondern dieser Umsetzungsprozeß vom Designer mitbedacht und mitgestaltet wird. Design im Sinne von originaler Kunst bedingt also die Mitwirkung des Designers am gesamten

*»Mocca«-Mühle von KMV (wohl England), Entwurf um 1930, Ausführung wohl später. Bakelit.*

Herstellungsprozeß, betrifft Aspekte der Materialwahl, der Verarbeitung, der konkreten technischen Detaillösungen usw. Nur ein in diesem Sinne vom Designer ganzheitlich mitbestimmter Umsetzungsprozeß seines Entwurfs ist ein künstlerisches Originaldesign, während im anderen Fall graduelle Abstriche gemacht werden müssen, bis hin zu einer reinen Reproduktion, der selbst keine künstlerische Substanz innewohnt.

Oft ist es so, daß Produktionsapparat, Marketing, Management usw. einen an sich guten Entwurf so verwässern und entstellen, daß dadurch seine Qualität erheblich gemindert wird. Neben dem Designer haben auch alle anderen Beteiligten und Weisungsbefugten ihre eigenen Vorstellungen von Schönheit und gestalterischer Qualität und – wie Richard Sapper erzählt – besonders deren Ehefrauen. Er könne aus der Zeit, als er bei Mercedes anfing, noch von jeder Chromleiste und jedem Kotflügelschwänzchen sagen, auf Wunsch wessen Managers bzw. wessen Gattin das Teil angebracht wurde.

Ein wichtiges »Hindernis« auf dem Weg zur Realisierung eines Entwurfs sind die Technik und die mit ihr betrauten Leute. Deshalb meinte der berühmte italienische Autodesigner Giorgio Giugiaro, der Designer müsse selbst am besten über die technischen Möglichkeiten Bescheid wissen. Techniker würden bei neuen Lösungen zunächst immer behaupten, deren Verwirklichung sei unmöglich. Und Vico Magistretti unterscheidet zwischen zwei Unternehmenskulturen, wobei bei der einen der Designer von der Produktion bei jeder produktionsbedingten Veränderung konsultiert wird (dazu rechnete er ausdrücklich die Firma Olivetti, Abb. Nr. 149 bis 151). Bei der anderen Unternehmenskultur ist der Designer einfach ein Rädchen mehr im Getriebe.

### *Der Unterschied zwischen Kunst und Design*

In der Praxis unterscheiden sich Kunst und Design dadurch, daß Design eine Funktion besitzt, etwa als Stuhl, als Lampe usw., während Kunstwerke keiner unmittelbaren Funktion, sondern allenfalls als Zimmer- oder Wandschmuck dienen.

Auch Objekte des Kunsthandwerks können Funktionen übernehmen. Doch zeichnen sie sich in der Regel durch ihre handwerkliche Fertigung und ihren handwerklichen Charakter aus. Nicht selten tragen sie Ornamente. Im Kunsthandel wird Design und Kunsthandwerk häufig unter dem Begriff »angewandte Kunst« zusammengefaßt.

## Überblick über die Geschichte des modernen Designs

Die Entwicklungsgeschichte des modernen Designs reicht mit seinen Vorläufern weit ins 19. Jahrhundert zurück. Bereits der bedeutende klassizistische Architekt Karl Friedrich Schinkel (1781–1841) entwarf Möbel und Einrichtungsgegenstände, die heute wieder als Designklassiker in Re-Editionen auf den Markt gebracht werden. Mit ihrer klaren, strengen Linienführung und zurückhaltenden Ornamentik nahmen sie auf höchstem künstlerischen Niveau viele Gestaltungsziele des 20. Jahrhunderts vorweg.

*Ein eiserner Gartenstuhl aus der Frühzeit des Designs (Frankreich, um 1880).*

### *Biedermeier (1810–1840)*

Vielleicht noch stärker dem Ideal der Schmucklosigkeit und einfachen Form verpflichtet waren die Möbel des Biedermeier, bei denen der moderne Möbeltypus bereits weitgehend entwickelt wurde. Aus der handwerklich durchgehend anspruchsvollen, meist nur mit kunstvoll verarbeiteten Furnieren veredelten Produktion ragen die Schöpfungen einzelner Schreiner heraus. Die Entwürfe der berühmten Wiener Firma Danhauser, die sich bezüglich avantgardistischer Raffinesse und gestalterischer Reduktion mit den gelungensten Kreationen des modernen Designs messen können, wurden bereits zu ihrer Zeit europaweit kopiert und wirken auch heute noch erstaunlich frisch und unverbraucht.

Bis heute umstritten ist, ob das Biedermeier wirklich eine bürgerliche Werthaltung verkörpere; die Tatsache, daß viele frühe und bedeutende Biedermeiermöbel zuerst in adeligen Haushalten standen, steht dieser These entgegen.

### *Shaker (19. Jahrhundert)*

Eine dem Biedermeier verwandte Möbelproduktion findet sich in Nordamerika bei den sog. Shakern, einer 1774 gegründeten religiösen Sekte, die wegen der ekstatischen Tänze bei ihren religiösen Versammlungen so genannt wurden. Für sie war die einfache, schmucklose und mittels sparsamstem Materialeinsatz, aber höchster handwerklicher Präzision hervorgebrachte Form auch die gottgefälligste. Heute sind diese Möbel, die die Shaker zum Eigenbedarf, aber auch zum Verkauf in den Neuenglandstaaten um die Mitte des 19. Jahrhunderts herstellten, vor allem in den USA gesuchte und hochbezahlte Sammlerstücke. Shakermöbel werden auch als Designklassiker re-ediert, insbesondere die berühmt gewordenen Schaukelstühle, Tische und Kommoden.

### *Arts-and-Crafts-Bewegung (2. Hälfte 19. Jahrhundert)*

Die Weltausstellung 1851 in London, auf der man sich damals über Neuheiten auf dem internationalen Markt informieren konnte, machte der Geschmackselite mit Bestürzung bewußt, welch katastrophalen Qualitätsverlust die Maschinenverarbeitung verursachte (allerdings kannte man damals noch nicht den Schund von heute).

William Morris (1834–1896), der englische Dichter und Künstler, gründete daraufhin eine eigene Unternehmung, die mit den Präraphaeliten eng verbunden war, und aus der schließlich die Arts-and-Crafts-Bewegung hervorgehen sollte. Dabei versuchte er in romantischem Rückgriff auf die Formenwelt des Mittelalters, Möbel, Gegenstände und – am erfolgreichsten – Tapeten zu entwerfen und auszuführen, wobei er sich auf rein handwerkliche Arbeit beschränkte. Seine Ideen übten großen Einfluß in Großbritannien und den USA, aber auch auf dem europäischen Kontinent aus. Allerdings mußte der Sozialist Morris irgendwann einmal resigniert einsehen, daß sich seine geschmackvollen und in teurer Handarbeit hergestellten Möbel nur ein paar reiche Ästheten leisten konnten. Als zukunftsweisender erwies sich da die Tätigkeit des ehemaligen Botanikers Christopher Dresser (1834 –1904), der nach einer Japanreise hauptberuflich Entwürfe schuf, die etwa von verschiedenen Silberfabrikanten in mehr oder weniger industrieller Fertigung ausgeführt wurden. In ihrer formalen Vereinfachung und schlichten Eleganz besitzen sie einen ganz eigenen, unverwechselbaren Charakter und stehen in ihrer Zeit singulär da (Abb. Nr. 124).

### *Jugendstil (1890–1910)*

Während William Morris und einige Gefolgsleute der Flut billiger Stilimitationen des Historismus Solidität und handwerkliche Wahrhaftigkeit entgegensetzten, entwickelte sich am Ende des 19. Jahrhunderts in Europa ein Stil in Graphik und angewandter Kunst, der dem historistischen Gänsemarsch durch die Stilgeschichte mit einem eigenen, authentischen, sozusagen naturwüchsigen Stil anwortete und nach der berühmten Münchner Zeitschrift »Jugend« (gegründet 1896) in Deutschland »Jugendstil« genannt wurde. In Frankreich taufte man ihn »Art Nouveau«, in England »Liberty Style« nach einem Londoner Handelshaus, das erfolgreich Waren in diesem, auf wellenförmigen Linien basierenden Stil vermarktete, in Italien »Stile Liberty«. In einer euphorischen Aufbruchbewegung gaben viele angehende Künstler ihre malerische Tätigkeit auf, um sich zukünftig nur noch den angewandten Künsten zu widmen.

Zahlreiche wichtige Persönlichkeiten des Designs wurzeln im Jugendstil, wie Henry van de Velde (1863–1957, Abb. Nr. 2, in diesem Kapitel nur Hinweise auf ausgewählte Abbildungen), der in Weimar 1908 eine Kunstgewerbeschule begründete, aus der gut zehn Jahre später das Bauhaus hervorgehen sollte, und Peter Behrens (1868 bis 1940, Abb. Nr. 26), der 1907 als erster Designer für die Betreuung der Corporate Identity der AEG engagiert wurde.

Aus der relativ kleinteilig ornamentierten Anfangsphase heraus entwickelte sich der Jugendstil weiter, wobei er in Glasgow bei Charles Rennie Mackintosh (1868–1928, Abb. Nr. 66) eine Wendung zum Geometrischen nahm. Während Mackintosh in Großbritannien als schwierig galt und weitgehend ignoriert wurde, war sein Einfluß in Wien ab 1900 umso stärker und wurde maßgeblich für den vom Quadrat ausgehenden Stil der 1903 gegründeten Wiener Werkstätte. Ihr Chefentwerfer und künstlerischer Mentor Josef Hoffmann (1870–1956, Abb. Nr. 30, 39, 40, 146) hatte daher auch bald seinen Spitznamen weg: Quadratl-Hoffmann. Er wurde ein prominentes Mitglied des 1907 gegründeten Deutschen Werkbundes.

## *Werkbund (1907–1934)*

Ziel des Werkbundes war es, ein gemeinsames Forum für Künstler, Kunsthandwerker und Industrielle zu schaffen und die Forderungen der künstlerischen Gestaltung mit der Massenfabrikation in Übereinstimmung zu bringen. Der zukunftsweisenden Forderung nach Formtypen, wie sie u. a. Richard Riemerschmid (1868–1957) entwickelte, stellte sich dabei insbesondere Henry van der Velde entgegen, der demgegenüber die individuelle Künstlerschaft betonte. Neben seinen Publikationen wirkte der Werkbund auch durch Ausstellungen. Die große Leistungsschau von 1914 in Köln wurde allerdings schon wenige Wochen nach ihrer Eröffnung durch den Ausbruch des Ersten Weltkriegs beendet, weswegen auch Henry van de Velde als Ausländer seines Postens in Weimar enthoben wurden. Neben zwei anderen Kandidaten schlug er als seinen Nachfolger den jungen, aufstrebenden Architekten Walter Gropius (1883–1969) vor.

Seit etwa 1910 hatte sich in der bildenden Kunst das Prinzip der Abstraktion etabliert, das besonders in Rußland im Konstruktivismus und in Holland in der De-Stijl-Bewegung eine durchschlagende Wirkung auch auf den angewandten Bereich zeitigte. Dort hatte man schnell erkannt, daß die geometrisch-abstrakten Formstrukturen nicht nur für Malerei und Skulptur, sondern besonders auch für angewandte Aufgaben wie Möbel und Objekte geeignet waren (Abb. Nr. 41, 75). Insbesondere beim russischen Konstruktivismus begeisterte man sich für die Formenwelt der Maschinen. Analog zur Technikbegeisterung des Futurismus in Italien verstand man den Künstler als eine Art Ingenieur.

*Die Shaker nahmen mit ihrem auch religiös motivierten Streben nach Einfachheit wichtige Züge des modernen Designs vorweg. Hier ein noch original eingerichteter Innenraum im Shaker-Dorf Hancock in Massachusetts.*

## *Art déco (1910–1940)*

Um etwa 1910 war der Jugendstil in den angewandten Künsten nach einem heftigen, bald aber auch von billigen Imitationen verwässerten Erfolg zu Grabe getragen worden, wenngleich er noch in manchen Bereichen ein Nischendasein fristete.

Angeregt durch die Experimente von moderner Malerei, Kubismus, Futurismus, Expressionismus usw., entwickelte sich im Lauf des zweiten Jahrzehnts des 20. Jahrhunderts in den angewandten Künsten ein neuer, modischer, extravaganter und exaltierter Dekorstil, der ein halbes Jahrhundert später auf den Namen »Art déco« getauft werden sollte. Statt der weichen Kurven des Jugendstils herrschten nun allenthalben Ecken und Kanten vor. Stilistisch führend war Frankreich, dessen Ensembliers – allen voran Jacques-Emile Ruhlmann (1879–1933) – die Hautevolee mit sündhaft teuren Einrichtungen versorgte. Diese sahen auf den ersten Blick zwar schlicht und relativ bescheiden aus, gehörten aber bezüglich Perfektion der Verarbeitung sowie der Ausgewähltheit der verwendeten Materialien und vieler raffinierter Details zum handwerklich Aufwendigsten, das die Geschichte der Möbelkunst zu bieten hat (Abb. Nr. 3, 45, 115).

1925 erlebte dieser Stil auf der großen Weltausstellung in Paris, der berühmten »Exposition des arts décoratifs et industrielles«, nach der er später auch seinen Namen erhielt, einen triumphalen Höhepunkt, den viele jedoch bereits als Abgesang bezeichnen.

*Eileen Grays (1878–1976) Sessel »Transeat« wird sowohl dem Art déco als auch dem modernen Design zugerechnet.*



Im Grunde war dieser Stil mit seiner ornamentalen Ausrichtung trotz aller modischen Attitüde der Vergangenheit verhaftet, während der gleichzeitige Modernismus in Architektur und Design das Ornament strikt ablehnte und die Grundlage für den modernen Funktionalismus legte. Bevorzugtes Material dieses Modernismus wurde das Stahlrohr, und Stahlrohrmöbel wurden zum vieldiskutierten Synonym für Modernität.

### *Bauhaus (1919–1933)*

Zentrum dieses Stils wurde das Bauhaus in Weimar, wo Walter Gropius (1883–1969, Abb. Nr. 196), das Machtvakuum der unmittelbaren Nachkriegszeit ausnützend, durch geschicktes Verhandeln eine in dieser Art einzigartige Kunstausbildungsinstitution erschuf. Trotz ihres kaum mehr als zehnjährigen Bestehens erneuerte das Bauhaus die Welt des Designs von Grund auf und kann in seinen Auswirkungen kaum überschätzt werden. Nach einer noch immer von der Arts-and-Crafts-Bewegung inspirierten handwerklichen Anfangsphase entwickelte Gropius hier eine Ausbildungsstätte für modernes Industriedesign, an der der Ungar Marcel Breuer (1902–1981, Abb. Nr. 42) seine berühmten Stahlrohrstühle baute, Wilhelm Wagenfeld (1900–1990, Abb. Nr. 89, 94) die Bauhauslampe kreierte und Christian Dell (1893–1974, Abb. Nr. 98) und Marianne Brandt (1893–1983, Abb. Nr. 97) Metallgefäße und Lampen entwarfen. Mit der Weißenhofausstellung von 1927, die Mies van der Rohe (1886–1969) leitete, und auf der moderne Architektur und modernes Design in beispielhafter Weise einer Öffentlichkeit vorgestellt wurden, erreichte der Modernismus einen Höhepunkt, der jedoch auch Widerstand provozierte.

Viele Menschen fühlten sich von der raschen Entwicklung in Kunst, Technik, Design, Architektur und Zeitgeist förmlich überrollt. Handwerker sahen ihre Existenz gefährdet. Und in der Weltwirtschaftskrise, die mit dem Schwarzen Freitag 1929 anhob, schlug die euphorische Stimmung der 20er Jahre jäh in ihr Gegenteil um. Nicht nur in Deutschland, wo die Nazis 1933 die Macht übernahmen, sondern in ganz Europa und den USA regte sich nun ein konservativer bis reaktionärer Geist.

Dazu paßte, daß der Finne Alvar Aalto (1898–1976) Schichtholzmöbel entwarf, die zwar in ihrer Formgebung kühn, in ihrer Materialwahl aber das inzwischen fast obligatorische Stahlrohr vermieden (Abb. Nr. 53). Viele Bauhäusler sahen sich angesichts der zunehmend bedrohlicheren Situation in Deutschland gezwungen, das Land zu verlassen. Einige emigrierten zunächst nach England und später in die USA, wo u. a. Walter Gropius und Mies van der Rohe als Lehrer großen Einfluß ausübten.

### *Stromliniendesign und amerikanisches Styling (30er bis 50er Jahre)*

In den 30er Jahren hatte sich in den USA, das in der Industrialisierung und Mechanisierung u. a. des Haushalts führend war, die formale Mode der Stromlinienform durchgesetzt. Diese suggerierte einerseits auch bei statischen Objekten Geschwindigkeit, war zum anderen aber auch leicht zu reinigen. Chrom ersetzte das teure Silber, glänzte ebenso und lief nicht an.

Schnell hatten die Amerikaner erkannt, daß ein attraktives Design ein gewichtiges Verkaufsargument sein konnte. So entwickelte sich in diesem ausgehenden Art-déco-Zeitalter der Beruf des Industriedesigners

(Abb. Nr. 156). Der berühmteste unter ihnen wurde der aus Frankreich eingewanderte Raymond Loewy (1893–1986, Abb. Nr. 130), dessen Buchtitel »Häßlichkeit verkauft sich schlecht« (1951) zum geflügelten Wort avancierte. Nicht selten wurde ihm und seinen Kollegen der Vorwurf des Styling gemacht, d. h. man warf den amerikanischen Produkten nicht zu unrecht vor, daß sie die technische und funktionale Seite zugunsten eines gefälligen Äußeren vernachlässigten und damit im Grunde die strengen Ideale des funktionellen Design verrieten.

Doch Amerika war in den 30er und 40er Jahren, als Europa von den Schrecken das Faschismus und des Zweiten Weltkriegs in Atem gehalten wurde, nicht nur Heimat des massenhaften Industrie-Stylings, das seine berühmtesten Exponenten in den Straßenkreuzern der 50er Jahre erleben sollten, die zwar imponierend aussahen, aber entsetzlich schwer und technisch völlig veraltet waren. Vielmehr entwickelte sich in Zusammenarbeit bemerkenswerter Institutionen und kühner Unternehmen das führende Design dieser Zeit, das neben deutschen Einflüssen vor allem skandinavische Wurzeln aufwies: Eliel Saarinen war 1923 in die USA eingewandert und hatte dort 1927 von einem Zeitungsmagnaten den Auftrag erhalten, eine Schule für Design zu bauen und zu leiten, die Cranbrook Academy of Art, wo so wichtige Designer wie sein Sohn Eero Saarinen (1910–1961), Harry Bertoia (1915–1978) und Charles Eames (1907–1978, Abb. Nr. 55) wichtige Anregungen erhielten. Das Museum of Modern Art in New York unterhält die heute weltweit berühmteste Abteilung für Design und veranstaltete wichtige Ausstellungen und wegweisende Wettbewerbe, so »Organic Design in Home Furniture« von 1940, den Charles Eames in Zusammenarbeit mit Eero Saarinen gewann. Sie vermarkteten ihre Entwürfe bei den Firmen Herman Miller (Abb. Nr. 23, 49) und Knoll.

*Der amerikanische Bildhauer und Designer Isamu Noguchi (1904–1988) schuf mit diesem Tisch eines der berühmtesten Designobjekte der 50er Jahre.*

## *Nachkriegszeit und skandinavisches Design*

Nach dem Krieg kam die organische Stromlinienform auch in Deutschland groß heraus, denn sie war das Leitbild für gemäßigte, gediegene Modernität. Obwohl Stilmöbel noch immer einen erheblichen Teil der wieder angelaufenen Möbelproduktion ausmachten, wurden die 50er Jahre zum „Nierentischzeitalter« (Abb. Nr. 63, 159), benannt nach der eigenwilligen Form eines kleinen, platzsparenden, für die kleinen Nachkriegswohnungen tauglichen Couch- und Beistelltischs.

Nicht nur via USA, sondern auch auf direktem Wege begann nun in Europa der Siegeszug des skandinavischen Designs, das vor allem in den Bereichen Möbel, Glas und Silber dominierte (Abb. Nr. 127). Dänemark, Finnland, Schweden und Norwegen verfügten über traditionelle, noch in weit geringerem Maße als in Deutschland von der Industrie verdrängte Handwerksbetriebe, die dem Ethos von Gediegenheit, Materialtreue und sachlich-nüchterner Formgebung verpflichtet waren. Finn Juhl (* 1912) oder Hans Wegner (* 1914) schafften das Kunststück, Grundformen, die noch aus dem Biedermeier stammten, eine frische und moderne Form abzugewinnen, die Zeitlosigkeit mit Aktualität verschmolz (Abb. Nr. 27, 28).

## *Ulmer Hochschule für Gestaltung (1951–1968)*

Doch wieder war es eine Designschule in Deutschland, die, in einer Kleinstadt mit reicher Vergangenheit gegründet, zwar nur die kurze Zeit von knapp zwanzig Jahren bestand, aber über ihre Dozenten und Schüler einen ungeheuren Einfluß auf die folgende Designszene ausüben sollte: die Ulmer Hochschule für Gestaltung.

Sowohl personell (Max Bill, 1908 bis 1994) wie konzeptionell vom Bauhaus ausgehend, entwickelte man hier ein dem Ideal der Aufklärung und Verwissenschaftlichung verpflichtetes Konzept des Systemdesigns, das Entwerfer wie Hans Gugelot (1920 bis 1965, Abb. Nr. 160, 180) sehr erfolgreich in der Praxis verwirklichen sollten.

Durch die Firma Braun (gegr. 1921) wurde ein kompakter, auf die einfachste Form reduzierter, gegenüber den schwellenden Formen der 50er Jahre geradzu asketisch anmutender Stil auch kommerziell überaus erfolgreich und wirkte stilbildend vor allem bei Radios, Rasierapparaten und im Bereich der Küchengeräte (Abb. Nr. 187, 188).

### *Italien*

Wie Deutschland gehörte Italien zu den Verlierern des Zweiten Weltkriegs, aber zu den Gewinnern der Nachkriegzeit. Auch Italien erlebte sein Wirtschaftswunder, das nicht zuletzt dem hohen Niveau des italienischen Designs zu verdanken war.

Im Gegensatz zur deutschen Sachlichkeit und zum Funktionalismus sind in Italien seit jeher Eleganz, formale Klasse und stilistisches Bewußtsein stärker ausgeprägt. Der spezifisch italienische Sinn für Klassik und formale Reduktion traf in der Nachkriegszeit auf eine Stilentwicklung, die eben diese Forderungen stellte, und eine Wirtschaftslage, die rege Nachfrage garantierte (Abb. Nr. 8, 44).

Italien stieg zur führenden Design-Nation auf, obwohl es hier keine einzige bedeutende Designschule gibt, sondern praktisch alle der zahlreichen berühmten Designer als Architekten ausgebildet wurden. Gerade in dem nun in großem Maßstab produzierten Kunststoff erwiesen sie sich als stilsicher und formbegabt (Abb. Nr. 22, 79, 80, 105–108).

*Ettore Sottsass' (* 1917) postmodernes Regalobjekt »Carlton« aus der Memphis-Kollektion war das meistpublizierte Kunstwerk der 80er Jahre.*

### *Postmoderne (70er und 80er Jahre)*

Doch das immer weiter vorangetriebene Streben nach Kompaktheit und Einförmigkeit führte in der Architektur ebenso wie im Design zu einer gewissen Langeweile und Öde, die eine Gegenreaktion heraufbeschwor. Zunehmend empfand man das Diktat des Funktionalismus und der formalen Reduktion als unmenschlich und unsinnlich. Man erlebte die grauen Beton-Trabantenstädte als unwirtlich und trist. Auch das Design der Breitenproduktion bot wenig ästhetische Anregungen.

Die Moderne war nun das Etablierte, während die rebellierende Jugend die damals noch verachteten Gründerzeithäuser durch Hausbesetzungen vor der Abrißbirne bewahrte.

In Italien formierten sich aufmüpfige, die gute Form mit parodistischen Einfällen konterkarierende

Designergruppen, die ihre Namen wie Superstudio, Archizoom (1966), Global Tools (1973), Alchimia (1976) usw. von englischen Pop-Bands adaptierten. Nonkonformistische Möbel in schrillen Farben wurden zu Kultobjekten (Abb. Nr. 47, 48, 92, 116). Und schließlich setzte sich der Gedanke durch, daß das Projekt der Moderne an seinem Ende angelangt sei, woraufhin der amerikanische Architekturtheoretiker Charles Jencks 1975 die Postmoderne ausrief. Alles, was vordem streng verboten war – Inhalte, Ornament, Repräsentation, Pathos, Säulen usw. – war nun wieder erlaubt. Man orientierte sich an Vorbildern der Vergangenheit, die man dem zeitgenössischen Empfinden entsprechend adaptierte.

Die neuen schrillen Objekte weckten wieder das Interesse der breiten Öffentlichkeit, und so wurden die 80er Jahre das Jahrzehnt des Designs. Wegbereiter und Oberguru war hier der Südtiroler Designer und Architekt Ettore Sottsass (* 1917), der mit seiner Gruppe »Memphis« 1981 den großen publizistischen Durchbruch inszenierte (Abb. Nr. 11). Möbel und Lampen, die eher Kunstobjekten glichen, mit bedruckten Laminaten furniert, in kleinen Auflagen hergestellt und trotz ihrer poppigen Farben nicht selten an kultische Objekte »primitiver Kulturen« erinnernd, setzten eine regelrechte Welle eifriger Epigonen in Bewegung. Viele junge Designer verabschiedeten sich vom engen Korsett des öde und eindimensional werdenden Industriedesigns und verstanden sich nun als Künstler, die weniger für die breite Masse als vielmehr für Galerien und einige wenige Nonkonformisten arbeiteten (Abb. Nr. 12).

Vom modisch-bunten, expressiven und avantgardistischen Überschwang deutlich übersättigt, bog das Design in den 90er Jahren wieder in nüchternere Bahnen. Dabei dominieren momentan gegenüber der splittrigen und formkontrastierenden, neo-art-déco-artigen Tendenz der 80er wieder vereinfachte und rundlich-fließende Formen, was etwa beim Autodesign gut zu beobachten ist.

## Zu verschiedenen Aspekten des Designs

### *Handwerk, Industrie und Ornament*

Als eines der wichtigsten Merkmale des modernen Designs gilt seine Ornamentlosigkeit. Darin gleicht es dem Handwerk, das seine Produkte primär zur Erfüllung einer Funktion und weniger für repräsentative Aufgaben herstellt, für die das Kunsthandwerk zuständig ist. Das Kunsthandwerk veredelt meist seine Produkte mit Ornamenten, die seine Funktion überdecken. Die Funktion dient nur als Vorwand der Repräsentation. Ornament ist nach Adolf Loos (1870–1933, Abb. Nr. 37) eine demonstrative Vergeudung menschlicher Arbeitskraft. Vor allem aber wird es als ästhetisch und prachtvoll empfunden. Entwürfe für Ornamente stammten nicht selten von bildenden Künstlern oder wurden von Ornamentstichen übernommen. In der zweiten Hälfte des 19. Jahrhunderts richtete man Kunstgewerbemuseen ein, um den Kunsthandwerkern und Industriellen das Kopieren historischer Ornamente zu erleichtern.

Während das Kunsthandwerk seinen Anspruch meist durch ein Übermaß an Ornament verkörpert, zeichnet sich die Kunst oft durch geradezu demonstrative Schlichtheit und Einfachheit aus. Porträts von Tizian verzichten auf jedes schmückende Beiwerk und wirken dennoch beeindruckend und majestätisch. Vasari tadelte den ornamentalen Überfluß der Gotik, den er als barbarisch empfand, und propagierte stattdessen die Beschränkung auf einfache, geometrische Formen, zurückhaltendes Ornament und proportionale Balance.

So liegt das Handwerk oft – wenn auch nicht bezüglich gesellschaftlicher Wertschätzung, aber doch in seiner Präferenz der Schlichtheit – der Kunst näher als das überornamentierte Kunsthandwerk. Allerdings ist die subtile Schönheit und Qualität der künstlerischen Einfachheit weniger leicht zu bemerken und zu bewerten als die schiere Masse an Ornament, die vergoldet auch den Unbedarften zu beeindrucken vermag. Läuft künstlerische Schlichtheit Gefahr, unterschätzt, ja verachtet zu werden, verrennt sich das Kunsthandwerk häufig in leeren Pomp.

Als im 19. Jahrhundert die Industrialisierung einsetzte, erkannte man darin eine billige Methode, die arbeitsaufwendigen Ornamente maschinell zu kopieren. Was vordem ein Zeichen von Reichtum und gesellschaftlicher Auszeichnung war, wurde nun zur billigen Trivialität. Die Ästheten waren über diese Surrogate handwerklicher Kunst wenig erfreut und versuchten, sich auf schlichte Erzeugnisse handwerklicher Wahrhaftigkeit zurückzuziehen. Das Ornament aber wurde zunehmend zum Zeichen für falschen gesellschaftlichen Anspruch und Geschmacklosigkeit.

Maschine und Industrie entwickelten sich zu einer Macht, die den Erdball eroberte. Sie verdrängte das Handwerk aus der Produktion, das sich nur in Nischen halten konnte. Statt das Handwerk nachzuahmen, begann die Industrie nun, sich auf ihre eigenen Stärken zu besinnen. Maschinell hergestelle Produkte weisen eine unnachahmliche Perfektion und Kälte auf. Ihnen fehlt die Wärme menschlicher Fehlerhaftigkeit und Ungenauigkeit. Ihre Oberflächen sind glatt und makellos.

Doch nicht alles läßt sich maschinell perfekter machen. Vieles an Qualität und Verarbeitungsaufwand fiel der unablässig vorangetriebenen Rationalisierung zum Opfer. Die Industrie ist selbst ihr schlimmster Feind, und alles unterliegt einem ständigen Umwälzungsprozeß. Erst heute beginnt man wieder, sich auf die spezifische Qualität handwerklicher oder frühindustrieller Fertigungsmethoden zu besinnen, wie etwa bei den handgeschmiedeten Pfannen, die die besten seien. Es ist wie immer: Erst wenn etwas verschwunden ist, beginnt man es zu vermissen.

Nicht in allen Ländern ging dieser Industrialisierungsprozeß gleich schnell voran. In Deutschland wirkte er besonders nachhaltig. Demgegenüber überlebten in Italien bis heute kleine handwerkliche Betriebe, die sich gerade in Designbereichen bezüglich modischer Aktualität und kleiner Fertigungszahlen als flexibel und experimentierfreudig erwiesen. Auch die skandinavischen Staaten bewahrten sich neben handwerklichen Strukturen ihren Sinn für Gediegenheit und Ehrlichkeit, was nach dem Krieg zum weltweiten Erfolg des skandinavischen Designs maßgeblich beitrug.

War noch am Anfang des 20. Jahrhunderts die Entdeckung der eigenständigen Ästhetik der Maschine eine revolutionäre und avantgardistische Tat, so haben sich heute die Verhältnisse umgekehrt. Die industrielle Produktion ist allgegenwärtig, ihre Standards sind allgemeinverbindlich. Heute beginnt die Schwerfälligkeit des industriellen Apparats einen Großteil des kreativen Elans und der gestalterischen Freiheit zu ersticken.

*Bei Carlo Mollinos (1905–1973) Stuhl stellt sich die Frage nach dem Verhältnis von Funktion oder Ornament.*

Die jungen Designer flüchten wieder ins Handwerk, in dem sie ihre Ideen erproben können (Abb. Nr. 12). Die Maschine – am Anfang des 20. Jahrhunderts von revolutionären Künstlern als Befreier der Menschheit willkommengeheißen – gilt an seinem Ende als Mittel der Versklavung, dessen Macht in die Schranken gewiesen werden müßte. Dazwischen aber, zwischen der tastenden Entwicklung einer eigenen Produktgestaltung für die Industrie und deren trivialer Allgegenwart, liegt das klassische, heute bereits historische Zeitalter des Designs.

## *Design und Material*

Handwerk und Industrie sind ebenso wie die Kunst Bereiche, in denen das verwendete Material die Grundlage der Form diktiert. Während die Kunst versucht, das Material sozusagen zu transzendieren, also bis an seine Grenzen hin für seine formalen Vorstellungen einzuspannen, suchen Handwerk und Industrie meistens, die dem Material gemäßesten und damit auch einfachsten, billigsten und mit geringstem Aufwand herzustellenden Formen zu finden. Die Form eines schlichten, traditionellen Holzstuhls ergibt sich weitestgehend aus den spezifischen Eigenschaften von Holz: seiner Festigkeit, Dichte, Maserung und Elastizität.

Dabei können, wie das Beispiel Thonet zeigt, einem Material durch neue, den bisherigen handwerklichen Rahmen sprengende Verarbeitungstechniken ungeahnte Möglichkeiten abgewonnen werden. Dieser Prozeß setzte sich im 20. Jahrhundert etwa im Bereich des Schichtholzes bei Alvar Aalto und Charles Eames (Abb. Nr. 9, 53, 55) bzw. der Verwendung von Stahlrohr im Möbelbereich eindrucksvoll fort (Abb. Nr. 69 ff.).

Die industrielle Fertigung zeichnet sich im 20. Jahrhundert aber nicht nur durch neue Verarbeitungsweisen bisher bekannter Materialien wie Holz, Metall oder Glas aus, sondern vor allem auch durch die Erzeugung neuer Materialien, wie wir sie vor allem im Bereich der Kunststoffe finden.

Verwendete man die Kunststoffe zunächst als billige Ersatzstoffe für Elfenbein, Perlmutt und Horn oder überfrachtete sie ornamental, ent-

*»Little Beaver« von Frank O. Gehry (* 1930), um 1980.*
*Der amerikanische Architekt und Designer wurde vor allem für seinen innovativen und unkonventionellen Umgang mit Materialien berühmt.*

wickelte die industrielle Fertigung eine Eigendynamik, die aus reinen Rationalisierungs- und Kostengründen nach den gemäßesten Formen suchte. Glatte Oberflächen und abgerundete Kanten etwa waren geboten, um ein Werkstück möglichst einfach und schnell aus den teuren und nur für hohe Stückzahlen rentablen Prägeformen, wie sie etwa beim Bakelit notwendig sind, nehmen zu können (z. B. Abb. Nr. 152).

Allerdings war die Entwicklung dieser Kunststoffe für das Design nicht nur ein Segen. Die Suche nach immer billigeren und einfacher zu verarbeitenden Kunststoffen entwickelte eine Eigendynamik, die fatalerweise von den schönen, gediegenen und selbst im Schmuckbereich sehr repräsentativen frühen Kunststoffen zu den mitunter recht billig und schäbig aussehenden Materialien der neueren Zeit führte. Daher gibt es inzwischen eigene Bakelit- und Galalithsammler, die ein Objekt einfach deshalb begehrenswert und sammelwürdig finden, weil es aus diesen alten, schönen, Gediegenheit und Würde ausstrahlenden Kunststoffen gefertigt ist (Abb. Nr. 156).

Das Kunststoffdesign erlebte in den 60er und 70er Jahren einen Höhepunkt, als es der damaligen Forderung nach Innovation, jugendlicher Ausstrahlung und stilistischer Kompaktheit idealtypisch entsprach.

Überwog lange Zeit in Kunst und Design der rein formale Gesichtspunkt, kehrte in den 80er Jahren – nicht zuletzt mit der Materialmystik eines Joseph Beuys – auch der symbolische Ausdrucksgehalt des Materials ins Design zurück. Silber, Kupfer, Filz, Glas oder Holz besitzen ja nicht nur formale, sondern eben auch anmutungsspezifische, historisch gewachsene und unmittelbar symbolische Ausdrucksqualitäten, die den Charakter eines Objekts stark mitprägen. Daß heute die mit Filz ausgeschlagenen Isolierkannen einen regelrechten Boom erleben und teilweise sogar wieder neu aufgelegt werden, hat sicherlich mit diesem veränderten Materialempfinden zu tun (Abb. Nr. 117 ff.).

Statt der stilistisch und materiell homogenen Form wird darüber hinaus nun der Materialkontrast gepflegt. Versuchte man in den 60er und 70er Jahren alles aus einer Form und damit auch aus einem Material zu fertigen – Eero Saarinen kaschierte daher »schamvoll« die Tatsache, daß er seine »Tulpenserie« nicht aus einem einzigen Material fertigen konnte –, werden heute gerade solche Materialkombinationen gesucht: Hartes Metall steht gegen weichen Filz, Kunststoff gegen Edelmetall, Glas gegen Holz usw.

### *Designerinnen*

Es gibt Kunstgattungen, in denen Frauen auf höchstem Niveau vertreten sind, wie Gesang, Instrumentalmusik und Literatur, und andere, in denen sie selten anzutreffen sind, wie in Architektur oder Komposition. Design ist ein Bereich, in dem Frauen sich vor allem als Inneneinrichterinnen hervortun – entsprechend finden wir hier auch eine ganze Anzahl namhafter Designerinnen –, während ihr Anteil am Industriedesign eher gering ist.

Zu den bedeutendsten Persönlichkeiten des Designs gehört zweifellos Eileen Gray (1878–1976, Abb. Nr. 4, 45). Obwohl phänomenal talentiert und fleißig, konnte sie sich gegen Platzhirsche wie dem wegen seiner Geltungssucht geradezu berüchtigten Le Corbusier nur schwer behaupten und ließ sich aufgrund ihrer fast krankhaften Schüchternheit ständig in den Hintergrund drängen. Erst in hohem Alter durfte sie mit der Wiederentdeckung des Art déco ihren eigenen Nachruhm noch erleben.

Anders als ihre männlichen Kollegen, für die die Ideale des Funktionalismus nicht selten ein Vorwand für kühne, mitunter sogar recht selbstgerechte Statements darstellten, ging es Eileen Gray wirklich um durchdachte Funktion, wie etwa ihr legendäres Beistelltischchen demonstriert, dessen Gestell man geschickt unter ein Bett schieben kann. Ihr Beispiel zeigt deutlich, welches Potential in Architektur und Design in diesem Jahrhundert ungenutzt blieb.



Besonders schwer hatte es Charlotte Perriand (* 1903, Abb. Nr. 35), sich als eigenständige Designerin einen Namen zu machen. Noch immer steht sie im Designbereich hinter Le Corbusier zurück, obwohl die berühmten Möbel in Zusammenarbeit der beiden entstanden und relativ deutlich Perriands Handschrift tragen. Während Le Corbusier nach dieser Zusammenarbeit nie wieder eigenständige Möbel kreierte, arbeitete Charlotte Perriand bis ins hohe Alter u. a. als Möbelentwerferin.

Wie schwer Frauen sich damit taten, in klassische Männerdomänen einzudringen, zeigt das Beispiel von Marianne Brandt (1893–1983, Abb. Nr. 97, 125), die nach Moholy-Nagy am Bauhaus als einzige Frau mit der Leitung der Metallwerkstätte betraut wurde, wobei sie sich erst einmal bei den Männern energisch durchzusetzen hatte. Demgegenüber waren die klassischen Frauenmetiers wie die Weberei am Bauhaus mit Gunta Stölzl (1897 bis 1983), von vornherein fest in weiblicher Hand.

Auch im Bereich der Keramik finden wir einen überdurchschnittlich hohen Anteil entwerfender Frauen, wobei Trude Petri (1906–1989) als eine der bedeutendsten Porzellandesignerinnen besonders hervorragt.

### *Design und Kunst oder: das Kunstwerk im Zeitalter seiner technischen Produzierbarkeit*

Design ist die Kunst des 20. Jahrhunderts. Und sie ist es weitgehend unbemerkt vom Kunstestablishment geworden, denn das Design widerspricht den Grundsätzen der konventionellen Kunstkategorien, die da heißen: Seltenheit, Kostbarkeit, höchstes soziales Niveau.

»Das Kunstwerk im Zeitalter seiner technischen Reproduzierbarkeit« beschwor Walter Benjamin 1936. Doch das Design hatte den Philosophen längst überholt. Das Kunstwerk im Zeitalter seiner technischen Produzierbarkeit hätte es richtiger heißen müssen. Denn als Walter Benjamin noch über die quasi-heilige Aura des unvergleichlichen Originalwerks nachsann, hatte sich bereits längst eine Kunstform etabliert, in der dieses Original entweder gar nicht oder in unzähligen Ausformungen existierte.

Als einer der ersten hatte der Künstler Marcel Duchamp erkannt, daß Kunstwerke nicht unbedingt erschaffen, sondern vor allem als solche erkannt werden müssen, daß nicht mehr das materielle Moment, der Umgang mit Öl und Pinsel, Hammer und Meisel, sondern mit Ideen und Konzepten für die Zukunft der Kunst bzw. des kreativen Metiers entscheidend sind. So wählte Duchamp einen Flaschentrockner aus, also ein im besten Sinne anonymes Designobjekt, das ohne jegliche ornamentale Verzierung eine unbezweifelbar skulpturale Qualität besitzt. Diesen Flaschentrockner stellte er als Kunstwerk aus, ohne zu behaupten, ihn geschaffen, dafür aber als Kunstwerk entdeckt zu haben. Ähnlich ging es Marcel Breuer, als er mit seinem Fahrrad fuhr und dabei auf die Idee kam, aus dem gleichen Material einen Stuhl zu biegen.

### *Design-Kunst und Kunst-Design*

Es gibt Objekte, die einfach nur gutes Design sein wollen, d. h. dem Zweck, dem Material und der Fertigung entsprechend gut entworfen sind. Dennoch kann dieses Design künstlerischen Ansprüchen genügen, etwa die Stühle von Charles Eames (Abb. Nr. 23, 77). Und es gibt Design, das vor allem durch künstlerische Brillanz, geniale Einfälle, formalen Witz, exquisite Materialbehandlung usw. glänzen möchte, etwa das von Gerrit Rietveld oder Marcel Breuer (Abb. Nr. 41, 42). Darüber hinaus gibt es Design, das von Leuten entworfen wurde, die sich vor allem als Künstler, meist als Maler oder Bildhauer, einen Namen gemacht haben, z. B. Salvador Dalí, Robert Matta, Donald Judd, Richard Artschwager oder Allen Jones (Abb. S. 25). In Italien ist es selbstverständlich, daß Architekten auch als Designer arbeiten, wobei an die Designobjekte die gleichen Kunstanforderungen wie an ihre Architektur herangetragen werden.

Die Frage ist, ob man Design als Kunst und die Designausbildung als Kunstausbildung oder eher als technische Ausbildung versteht. Man hat die Technik als Verbündeten im Kampf gegen das Ornament gerufen. Doch wie wird man den übermächtigen Einfluß der Technik wieder los, um sich künstlerischen Freiräume zu erhalten? Hier sind allerdings nicht nur die Entwerfer, sondern die gesamte Produktion, das Management und vor allem natürlich die Konsumenten gefragt.

## *Der Mythos des Funktionalismus*

*Man Ray (1890–1976), der berühmte Künstler und Fotograf des Surrealismus, kreierte mit diesem Paletten-Tisch einen witzigen Kommentar zum Verhältnis von freier Kunst und angewandtem Design.*

In gewisser Weise war die Ideologie des Funktionalismus – vor allem in der Architektur, an deren brutalistischen Denkmälern kommende Generationen noch lange zu knabbern haben werden – einer der folgenschwersten Irrtümer des 20. Jahrhunderts.

Als die Krise des Ornaments in Verbindung mit dessen maschineller Massenfabrikation übermächtig wurde, sahen ästhetisch sensible Zeitgenossen in den Ingenieurbauten, von denen der Eiffelturm anläßlich der Weltaustellung von 1889 das berühmteste Beispiel darstellt, eine sinnvolle Alternative.

Die Formvereinfachung der abstrakten Kunst ließ dieses Interesse an der rein technischen Form vor allem im russischen Konstruktivismus weiter wachsen, und Adolf Loos erklärte das Ornament zum Verbrechen. Tatsächlich gab es in den 20er und 30er Jahren eine Zeit, in der sich Stil und technische Produktion so glücklich ergänzten, daß praktisch jede funktionalistische Lampe dieser Epoche als ästhetisch gelungen zu bezeichnen ist (Abb. Nr. 97 ff.). Auch der später zeitweise so geschmähte Bauhausstil wies in der Architektur noch jene ästhetisch pointierten Kontrastsetzungen auf, die auch einfachen Formen eine interessante Physiognomie verliehen.

Dagegen fielen diese Formen in den 60er und 70er Jahren immer monotoner aus, was ihren ästhetischen Reiz stark abschwächte und vor allem in massierter Ballung den Eindruck unerträglicher Langeweile verströmte. Dazu kommt, daß geometrisch exakte Formen selbst kleinere Beschädigungen ästhetisch schlecht vertragen und schnell schäbig aussehen.

Auch Autos, Schränke, Regale und Möbelgarnituren unterwarfen sich in den 60er und 70er Jahren der einerseits zwar praktischen, andererseits aber formal ziemlich dürftigen Rasterstruktur. Außerdem waren die Sachen häufig primitiv verarbeitet und wirkten bald klapprig.

Selbst das vielgerühmte Braun-Design ist zwar selbst historisch wichtig und bezüglich seiner Verarbeitungsqualität über jeden Zweifel erhaben, aber in seiner Zielrichtung doch eher als fatal zu bezeichnen. Es war das Schicksal dieser Jahre, daß alle Hi-Fi-Geräte, Fernseher, Küchenmaschinen und sonstigen Geräte zum Verwechseln ähnlich aussahen und nur noch am meist deplaziert angebrachten Firmenlogo zu unterscheiden waren (Abb. Nr. 188).

Eines ist im Designbereich allerdings nach wie vor ein denkwürdiges Phänomen. Das Design fast aller Funktionsgeräte, Küchenmaschinen, Bürogeräte usw. ist nie wirklich schlecht, zum Teil sogar regelrecht hervorragend, und zwar nicht weil, sondern obwohl die Leute das Gerät nicht aus ästhetischen Gründen gekauft haben (Abb. Nr. 148 ff.). Dagegen ist das meiste im ambitionierten repräsentativen Bereich der Alltagskultur ziemlich geschmacklos.

Die entscheidende Grenze beim funktionalistischen Design ist der Repräsentationsbereich. Diesen zu knacken, ist bisher nicht wirklich gelungen. Im Funktionsbereich haben sich die Leute rasch an Stahlrohr, Kunststoff und Chrom gewöhnt. Niemand erwartet im Büro oder Krankenhaus etwas anderes. Doch in der guten Stube sollte es stets etwas gemütlicher und »höherwertiger« sein. Die funktionalistisch aussehende, aber als Allzweckstühle konzipierte Alu-Serie der Eames stellt heute einen Klassiker dar, aber nur fürs Büro (Abb. Nr. 60)!

Erst als sich das funktionalistische Design einladend weiche Kissen, wie bei Eames' berühmtem »Lounge

*Funktionsformen sind im Design oft von unangestrengter Schönheit. Marcel Duchamp (1887–1968) hätte an dieser Saftpresse (»Standard«, Deutschland, um 1950) seine Freude gehabt.*



Chair«, zulegte, wurde es von designbewußten Zeitgenossen im Wohnzimmer toleriert. Den wirklichen Durchbruch schaffte man erst mit den Micky-Maus-Ohren beim »Wink« des Japaners Kita, einem Sessel, der bei Zeitgenossen, die ansonsten Design gegenüber völlig indifferent sind, ein Verkaufserfolg ist.

Nachdem sich im Rahmen der Postmoderne ein geradezu mutwilliges Aufbegehren gegen den Funktionalismus in Erkern, Säulen und historischen Zitaten ausgetobt hat, gelangen wir nun allmählich zu einem weniger ideologischen, dafür ästhetisch gereiften und hoffentlich aus Schaden klug gewordenen Funktionalismus. Ein Designobjekt sollte weniger ein Designergag als vielmehr ein Funktionsobjekt sein. Da wir es täglich vor Augen haben, sollte es aber auch unsere Sinne mit Freude erfüllen und uns vor allem nicht langweilen. Monotonie ist nicht funktional.

## Das moderne Design im Kontext der Stilentwicklung

Das Phänomen der Stilentwicklung gehört heute nicht zu den vieldiskutierten Themen. Dabei ist gerade das moderne Design ein Bereich, in dem sich dieses Phänomen auf faszinierende Weise verfolgen läßt. Hier zeigt sich, daß neben konkret wirtschaftlichen, technischen, nationalen, individuellen u. a. Faktoren die Entwicklung des Designs in seinen Grundzügen innerstilistischen Mechanismen folgt. Gerade darin liegt seine künstlerische Bedeutung und damit sein über den konkreten Zweck (der Sitzgelegenheit oder des Beleuchtungskörpers) weit hinausreichender Wert.

Einen Hinweis darauf, daß das moderne Design im größeren Kontext der Stilentwicklung zu sehen und z. B. nicht nur aus dem Phänomen der Industrialisierung abzuleiten ist, liefert das Design der Biedermeierzeit. Dieses nimmt in vielem das moderne Design vorweg, ohne daß es dafür technische Ursachen gibt. Vielmehr ist das klassizistische Biedermeier eine Gegenbewegung zum verspielten Rokoko. Diese Pendelbewegungen zwischen Strenge und ausufernder Ornamentik, zwischen »linear« und »malerisch«, die schon von dem Klassiker der Kunstgeschichtsschreibung, Heinrich Wölfflin, konstatiert wurde, ziehen sich durch die gesamte abendländische Kunstgeschichte. Damit ist das moderne, ornamentlose Design kein vollständig neues Phänomen.

Wir finden – grob vereinfacht – in der Romanik Formen einfacher Strenge, in der Gotik ausufernde Ornamentik, in der Renaissance wieder konzentrierte Strenge, im Barock und Rokoko dagegen überbordendes Ornament. Das Biedermeier ist wieder von ausgeprägter Einfachheit, der darauf folgende Historismus von entfesselter Ornamentik. Die Klassische Moderne ist in Architektur und Design wieder von entschiedenster Strenge (Abb. Nr. 6, 13), und zwar völlig unbestreitbar in der Gegenreaktion auf den Schwulst des Historismus, bis mit der sog. Postmoderne wieder eine Entwicklungsphase mit vergleichsweise üppiger Ornamentik folgt, diesmal als Gegenreaktion auf die Sprödigkeit und Langeweile der späten Moderne, insbesondere in der Architektur.

Zugleich vollzieht sich ein Prozeß, den man ganz allgemein als Entwicklung von einer einzelteilig additiven, aus der autonom gesetzten Einzelform heraus organisierenden Gestaltungsstruktur zu einer ganzheitlichen, aus dem Kontext der Gesamtgestalt formenden Gestaltungsstruktur herausdestillieren kann. Allerdings wird diese unterschwellige Grundtendenz überlagert von dem verwirrenden Chaos der konkreten Erscheinungen und eben der oben beschriebenen Pendelbewegung. Nur aufgrund dieser unterschwelligen Strukturverschiebungen ist es geübten Stilkennern möglich, Kunstobjekte teilweise auf Jahre, mindestens aber auf Jahrzehnte genau zu datieren.

Das moderne Design zieht auf seine Art und mit seinen Möglichkeiten aus dieser Gesamtentwicklung vom Teilheitlichen zum Ganzheitlichen seine stilistischen Ausprägungen und Formen, so wie es die moderne Kunst und die moderne Architektur auf ihre Art tun. Die Gestaltung des modernen Designs ist unbestreitbar ganzheitlich, und das Streben nach vereinheitlichter, geschlossener und kompakter Form ist bis in die 70er Jahre hinein ein wichtiges Grundanliegen (Abb. Nr. 114, 188). Natürlich gibt es auch wirtschaftliche, soziale, geschmackliche u. a. Gründe, die sich diesen stilistischen Forderungen widersetzen. Aber künstlerisch sind diese Produkte – etwa Kaufhauskitsch oder Stilmöbel – völlig irrelevant. Wir betrachten ja gerade in der modernen Kunstgeschichte nicht das Gros der Produktion, sondern vielmehr die elitäre Spitze, die den Forderungen der Stilentwicklung Rechnung trägt, und zwar ohne auf wirtschaftlichen Erfolg, politische Opportunität oder soziale Anerkennung zu schielen. Wer die oft extrem schwierigen Umstände betrachtet, denen gerade die avantgardistischen Künstler und Designer etwa der 20er und 30er Jahre unterworfen waren, kann nicht leugnen, daß hier Einzelne ihren künstlerischen Überzeugungen und ihrer stilistische Professionalität gefolgt sind, und nicht den Forderungen einer ignoranten Allgemeinheit.

*Wie bei diesem Sessel von Pierre Paulin (* 1927) versuchte man in den 60er Jahren Formen wie aus einem Guß zu schaffen.*



### *Moderne und Postmoderne*

Doch auch stilgeschichtlich waren die Tage der Moderne gezählt. Ihrem rigorosen Vereinheitlichungsdrang folgte in den 80er Jahren, beispielsweise mit »Memphis«, etwas, das dieser integrativen und ganzheitlichen Gestaltung exakt konträr lief. Es war wie der Beginn eines neuen Mittelalters, das wieder beim Elementaren anfängt. Strukturell kann man sich diesen Mechanismus so erklären, daß die kompakte Ganzheit der Form der 70er Jahre sozusagen zum Element einer neuen Epoche umgepolt wurde (Abb. Nr. 92). Gerade im Schaffen Ettore Sottsass' (Abb. Nr. 11, 91) ist dieser Prozeß von kompakt einheitlicher zu additiv zusammengesetzter Form sehr schön zu beobachten. Die Tatsache, daß dieser Umpolungsprozeß gerade im Design so beispielhaft vonstatten ging, hat zur stilgeschichtlichen Führungsrolle der angewandten Kunst in den 80er Jahren geführt. Die 80er Jahre waren das Jahrzehnt des Designs. Sottsass' Regalobjekt »Carlton« (Abb. S. 16) war das am häufigsten abgebildete Kunstwerk der 80er Jahre: Das moderne Kunsthandwerk hat gegenüber Malerei und Skulptur die Führung übernommen. Gleichzeitig war damit aber die Zeit des klassischen, ornamentlosen Designs vorbei.

### *Die Verschmelzung von Grundform und Ornament im modernen Design*

Die einzigartige Besonderheit des modernen Designs aber besteht in dem meist irreführend als Abschaffung des Ornaments bezeichneten Prozeß, der in Wirklichkeit die Verschmelzung von Ornament und Grundform bzw. Formskelett darstellt.

Während in den vorausgegangenen Stiletappen das Ornament als eigenständiges Formsystem auf der eigentlichen Grundform aufsaß, verschmolzen im Jugendstil (Abb. Nr. 26, 195) Ornament und Formkern zu einer Einheit, die im Verlauf der Entwicklung bis in die 70er Jahre zunehmend kompakter und vereinheitlichter wurde (Abb. S. 23).

Demgegenüber beharrte das Art déco zumindest bis in die 20er Jahre auf der traditionellen Zweiteilung von Formkern und Ornament, weshalb das Art déco trotz seiner modernistischen Anmutung doch traditionellen Grundstrukturen verhaftet blieb, die vom Modernismus abgelehnt wurden.

Es ist also einerseits durchaus richtig, daß etwa die Stahlrohrmöbel des Bauhauses auf Ornament als zusätzlichen Schmuck zum eigentlichen Formkern verzichten (soweit man etwa Strukturen des Geflechts, wie bei Stühlen von Mies van der Rohe, nicht als Ornament auffassen will). Auf der anderen Seite aber ist es unbestreitbar – und dies ist auch immer wieder so gesehen worden –, daß etwa der Weißenhof-Stuhl von Mies als Ganzes eine formale Arabeske, sozusagen ein Ornament darstellt (Abb. S. 32).

Der geniale Dreh des modernen Designs besteht nun darin, daß es auf Ornament als »aufgepapptes« Schmuckmotiv verzichtet, die Gesamtform als Ganzes aber durchaus ein Ornament ist. Diese Verschmelzung von Ornament und Kernstruktur wird etwa an Alvar Aaltos berühmtem fächerförmig verleimtem Hocker deutlich und ist völlig unbestreitbar.

*Ästhetik versus Moral:*
*Armstuhl »750 Sant' Elia«, 1936 von Giuseppe Terragni (1904–1943) für die Casa de Fascio in Como entworfen (hier die Re-Edition, die seit 1970 von Zanotta produziert wird).*

### *Design, Politik und Ideologie*

Häufig wird das moderne Design zusammen mit der modernen Kunst und der modernen Architektur als das von den »Kräften des Bösen« verfolgte »unschuldige Gute« stilisiert. Aber nicht jede kulturkonservative Regung muß gleich Ausdruck eines verbrecherischen Faschismus sein. So gab es für die Ablehnung von Stahlrohr im Wohnzimmer ebenso sachliche Gründe wie für die Ablehnung des Flachdachs, das anläßlich der Ausstellung der Weißenhofsiedlung in Stuttgart so starke Diskussionen entfachte.

Auf seiten des Modernismus wird nur allzugerne verdrängt, daß der italienische Futurismus – künstlerisch ohne Zweifel avantgardistisch und hochbedeutsam – klare Affinitäten zum späteren Faschismus aufwies und aus seiner destruktiven Kriegsbegeisterung von Anfang an keinen Hehl machte. Bezeichnenderweise ist das künstlerisch bedeutendste modernistische Denkmal von Architektur und Design in Italien die Casa del Fascio, das frühere Hauptquartier der faschistischen Partei Italiens. Deren Stahlrohrmöbel werden heute wieder als Designklassiker re-ediert, ohne daß Käufer damit faschistische Gesinnung dokumentieren (Abb. oben). In diesem Zusammenhang scheint erwähnenswert, daß auch die Gebäude des Bauhauses in Dessau nach dessen Schließung durch nationalsozialistische Kräfte paradoxerweise für Parteifunktionen genutzt wurden.

Auch der gräßliche Vorschlag, die Altstadt von Paris abzureißen und durch zehn kubische Hochhäuser zu ersetzen, stammte nicht von Adolf Hitler, sondern von Le Corbusier, der durch seine einseitige und undifferenzierte Propaganda für viele Fehlentwicklungen der modernen Architektur verantwortlich ist. Dadurch wird allerdings die Bedeutung seiner kreativen Schöpfungen, darunter natürlich auch seine Designobjekte, in keinster Weise geschmälert.

Selbst wenn wir heute Objekte des Modernismus sammeln, widersprechen wir damit dessen erklärten ideologischen Zielen. Breuer etwa plädierte für eine Wegwerfgesellschaft und verstand seine Stahlrohrmöbel daher nicht als Klassiker, sondern als Novität, die durch die folgende abgelöst werden sollte.

In gewissem Sinne ist also der Modernismus ein Widerspruch in sich selbst, indem er phasenweise das Neue um des Neuen willen propagierte, heute aber wegen seiner zeitlosen Formqualitäten gesammelt und in Museen ausgestellt wird.

### *Zeitgeist und Design*

Genau wie die Mode erscheint auch Design als Paradebeispiel für wechselnden Zeitgeist. Und mit beidem beschäftigt sich die seriöse Forschung leider zu wenig. Wer sich aber mit dem Zeitgeist nicht auseinandersetzt, der wird ihr Opfer, wie Karl Lagerfeld dies für Modeverweigerer konstatierte (»Die kriegen den Rest später im Ausverkauf. Die Mode rächt sich immer und fürchterlich, gerade an ihren Verächtern.« Interview im »Stern« 18/1990, S. 46).

Der Einfluß des Zeitgeistes auf das Design ist zwiespältig. Design tritt dabei sowohl als Opfer wie auch als als Täter auf. Um sich in diesem komplexen Geflecht von Stil, Ornament, Ideologie und Zeitgeist überhaupt noch zurechtzufinden, ist es notwendig, die überraschend einfachen Mechanismen des Zeitgeistes kurz zu skizzieren, wobei sich dann die Rolle des Designs klarer herausschält. Es ist im Grunde schon lange – beispielsweise von Goethe, dem Galeristen Paul Maenz oder dem Musikkritiker Greil Marcus – bemerkt worden –, daß es einen generationsbedingten Pendelschlag des Zeitgeistes gibt, der von einem Extrem zum anderen ausschlägt. Der Soziologe Josef Huber hat die beiden Pole überzeugend als progressiven jugendlichen Überschwang einerseits und konservativen Altersstarrsinn andererseits beschrieben. Bereits Hegel war sich dieses dialektischen Pendelns geistiger Befindlichkeit wohl bewußt. Der Zeitgeist bewegt sich vorwärts, indem er von einem Extrem ins Gegenteil verfällt. Dabei fließen immer Argumente der Gegenseite in die neue Antithese mit ein, was die Sache zusätzlich verwirrt.

Es ist nun eine geradezu frappierende Tatsache, die sich in der Entwicklung der letzten zweihundert Jahre recht eindrucksvoll belegen läßt, daß diese Pendelbewegung von einem Extrem bis zu seiner Wiederkehr ziemlich exakt 60 Jahre dauert. Dabei spielen für diesen grundlegenden Verlauf des Zeitgeistes auch die gewaltigen Katastrophen, wie etwa die beiden Weltkriege, keine entscheidende Rolle. Auf den Ersten Weltkrieg folgten die Wilden 20er Jahre, auf den Zweiten Weltkrieg die spießigen 50er Jahre, die sich jeweils vorher bereits abgezeichnet hatten.

Vereinfacht gesagt, umfaßt jede Zeitgeistphase von 30 Jahren drei Entwicklungsabschnitte: das erste Jahrzehnt ist Avantgarde, das zweite etablierte Mode und das dritte Kommerz. Damit aber ist das geistige Erregungspotential des Zeitgeistes

*Der freche Witz des Pop-Zeitalters, wie hier die als Stuhl umfunktionierte »Schaufensterpuppe« des englischen Künstlers Allen Jones (* 1937), war vielen zu gewagt.*

aufgebraucht. Die nachfolgende Generation entwickelt geistige Antikörper, die sie immun macht und automatisch in das Gegenteil verfallen läßt. War die Elterngeneration chaotisch und wild, dann wird die Jugend zu Ordnung und Tradition zurückschwenken, war die Elterngeneration ordnungsliebend und traditionsbeflissen, dann wird die Folgegeneration ein Chaosprogramm entwickeln.

Darüber hinaus muß natürlich betont werden, daß zeitgeistiger Aufbruch immer von den kulturellen Zentren (etwa Paris, Berlin, London, New York) ausgeht und in die Provinz mit entsprechender zeitlicher Verzögerung abstrahlt. Außerdem sind hier vor allem die kreativen und geistig erregbaren gesellschaftlichen Gruppen besonders aktiv, während die Bevölkerung im Ganzen immer eine eher indifferente und passive, d.h. später auch entsprechend beeinflußbare Rolle spielt.



Auf den revolutionären Überschwang des Revolutionszeitalters folgten jeweils Restauration, rückwärtsgewandte Romantik und Biedermeier, konservative Gründerzeit und Faschismus. Selbst der Modernismus gewann in den 40er und 50er Jahren ein konservatives Gesicht, wurde teilweise bieder (wie Egon Eiermanns Klappstuhl, Abb. Nr. 76), so daß der progressive Zeitgeist der Jugendbewegung der 60er Jahre wiederum gegen diesen Modernismus ankämpfte und ihn mit nonkonformistischen Entwürfen konterkarierte. Markante Beispiele sind der Sitzsack »Sacco« (Abb. Nr. 47) und der aufblasbare Sessel »Blow«, die Ende der 60er Jahre entstanden. Kommerziell zu Tode geritten wurde dieser Antimodernismus in den 80er Jahren. Dagegen wurde es in den 90ern auch im Designbereich wieder ruhiger und konservativer.

Im Design lassen sich dabei über 120 Jahre hin Parallelen beobachten. Das moderne Design ist in gewisser Weise dem martialischen Klassizismus vergleichbar, während die 30er bis 50er Jahre erstaunliche Parallelen zum Biedermeier aufweisen. Entsprechend sind heute Beziehungen zur eklektizistischen Gründerzeit zu sehen.

Wenn auch die Entwicklung ständig voranschreitet, so gibt es in den Grundstrukturen nichts Neues unter der Sonne. Alles wiederholt sich über kurz oder lang.

### *Zeitgeist-Raster der letzten 200 Jahre*

(kursiv = progressiv)

***1780–1810*** Zeitalter der Französischen Revolution
**1810–1840** Biedermeier, Romantik
***1840–1870*** Zeitalter der 48er Revolution, Karl Marx
**1870–1900** Gründerzeit, Historismus
***1900–1930*** Jugendstil, Kunstavantgarde, Futurismus, Expressionismus, Russische Revolution, Funktionalismus, Bauhaus, Frauenemanzipation, Bubikopf, Wilde 20er Jahre
**1930–1960** Konservative Reaktion, Faschismus, Rückkehr zu Zucht und Ordnung, Spießeridylle der 50er Jahre
***1960–1990*** Rockmusik, Hippies, 68er, Drogenexperimente, Neomarxismus, antiautoritäre Erziehung, Frauen-, Schwulen- und Ökologiebewegung
**Ab 1990** Neokonservativismus, Wertediskussion, Bekämpfung der Jugendkriminalität, Neohistorismus

*Blumenvasen in den typischen Formen und Farben der 50er und 60er Jahre, entsprechend dem modernistischen Zeitgeist.*

# Das müssen Sammler wissen

## Leben mit Designobjekten

Designobjekte werden für den Gebrauch hergestellt. Man kann und sollte sie deshalb grundsätzlich auch benutzen. Allerdings gilt es hier zwischen Gebrauchswert, Marktwert und kunst- und kulturgeschichtlichem Wert abzuwägen. Ob man ein Tee-Extrakt-Kännchen von Marianne Brandt (Abb. Nr. 125), das inzwischen mehrere hunderttausend Mark kostet, benutzt, in der Vitrine stehen hat oder im Tresor aufbewahrt, ist durchaus eine Überlegung wert.

Man muß zwischen Objekten unterscheiden, die durch den Gebrauch Schaden erleiden, und solchen, die – wie etwa Deckenlampen – weniger gefährdet sind. Und es besteht immer die Frage, ob man das Objekt wegen seines Gebrauchswertes oder vorzugsweise wegen seiner Schönheit und künstlerischen Gestaltung schätzt oder es gar als Anlageobjekt erworben hat.

*Design kann als Einzelobjekt oder als Teil eines Gesamtensembles aufgefaßt werden.*

Natürlich sollte man mit allen Designobjekten sorgsam umgehen und Akte des Vandalismus vermeiden. Andererseits darf man sich auch nicht den Tag verderben lassen, wenn einmal eine Tasse aus einem Wagenfeld-Service zerbricht. Ein Urbino-Service dagegen beim Polterabend zu zerdeppern, kann nicht als Merkmal gehobener Lebensart gelten.

Designobjekte sind Gebrauchsobjekte, aber auch Teil des kulturellen Erbes, das es – wie unsere Natur – für die Nachwelt zu schützen, bewahren und zu erhalten gilt. Wenn man eines Objektes überdrüssig ist oder es aus Platzmangel entsorgen möchte, sollte man es lieber verschenken oder auf den Flohmarkt tragen, anstatt einfach in den Müll werfen. Das ist auch aus ökologischer Sicht der beste Weg des Recyclings.

Es gibt Sammler, die sich in einem bestimmten Stil einrichten. Andere konzentrieren sich auf einen Entwerfer, eine konkrete Firma oder ein bestimmtes Material, z. B. Stahlrohr, Kunststoff oder Glas.

Eine Vielzahl von Leuten umgibt sich mit Dingen, weil sie sie einfach schön und interessant finden. Andere sammeln nach Katalog und Seriennummern usw. Wiederum andere interessieren sich für ganz spezielle Aspekte, etwa bestimmte Verschraubungsarten oder technische Merkmale, wie es bei »Radio-Freaks« häufig zu beobachten ist.

Einige antike Designobjekte werden vorzugsweise für den Gebrauch gekauft, etwa Toaster, Porzellan, Glasvasen usw., während andere eher als Dekorationsobjekt dienen. Man kann Designobjekte als Kunstobjekte aufstellen. Und was die künstlerische Qualität betrifft, können etwa Geräte namhafter Designer mit voller Berechtigung als Vitrinenobjekte präsentiert werden. Sie sind meistens wesentlich ästhetischer und qualitätvoller als der Edelkitsch, der in vielen sog. Kunstgalerien für horrendes Geld angeboten wird.



Es gibt Enthusiasten, die sich mit Designobjekten umgeben, weil sie deren Wirkung studieren wollen. Design ist eine eher spröde Kunst und erschließt sich oft erst nach längerer Zeit. Manche Objekte wirken am Anfang interessant, halten dann aber nicht, was sie versprochen haben, während andere, die man am Anfang wenig schätzte, sich zu regelrechten Lieblingen mausern.

Grundsätzlich gilt: Gutes Design verbessert die Lebensqualität. Wenn Sie am Morgen Ihren Tee oder Kaffee mit einem schönen Arzberg-Service von Gretsch oder Löffelhardt genießen, werden Sie feststellen, daß Ihnen diese scheinbar so anspruchslosen und einfachen Gegenstände immer stärker ans Herz wachsen. Sie schulen und differenzieren Ihren Blick im tagtäglichen, zwanglosen Umgang mit gutem Design. Sie differenzieren Ihr Qualitätsbewußtsein und werden bewußter im Umgang mit den Sie umgebenden Dingen.

Gutes Design besitzt nicht nur eine ästhetische, sondern auch eine kulturelle Dimension. Design adelt. Seine Qualität ist subtil und für nicht wenige Menschen gar nicht erkennbar und spürbar. Design taugt nicht zum oberflächlichen Protz und Prunk. Äußerlichkeit liegt ihm fern. Vergoldung und billige Zierleisten sind ihm ein Greuel. Design ist ein innerer Anspruch, das Streben nach Sublimierung und Aufrichtigkeit.

## 28 Pflege, Aufbewahrung und Restaurierung

Der Zustand, in dem sich ein Designobjekt befinden sollte, hängt von Ihren Ansprüchen ab und davon, was Sie konkret damit anfangen wollen. Wollen Sie es benutzten, sollte es einen funktionstüchtigen und bei Elektrogeräten auch sicheren Zustand aufweisen. Bei einer Kapitalanlage sollte der Zustand möglichst authentisch, vollständig und unverändert sein, d. h. am besten originalverpackt, mit Rechnung und allen möglichen Angaben.

Wollen Sie das Objekt als Kunstwerk um sich haben, dann sind Defekte mitunter weit weniger gravierend. Selbst Beschädigungen an Porzellan oder Glas – für den Marktwert (siehe dort) eine sehr erhebliche Minderung – spielen dann, wenn Sie sie nicht sehen bzw. wenn es Sie nicht stört, eine entsprechend geringe Rolle. Oft haben Objekte ja eine persönliche Bedeutung. Dabei können solche Mängel auch einen sentimentalen Wert haben.

Ansonsten gilt: Designobjekte sollten einen möglichst guten, d. h. originalen, unzerstörten und unveränderten Zustand aufweisen. Daher sollte man es sich reiflich überlegen, bevor man ein Stück aus einer Laune heraus mit Ölfarbe überschmiert oder sonstwie traktiert, Aufkleber, die den Lack angreifen, anbringt oder sich auf andere Art und Weise »kreativ« austobt.

### *Pflege und Aufbewahrung*

Generell gilt – im Gegensatz zum Glauben vieler tüchtiger Hausfrauen und mancher Antiquitätensammler –, als beste Pflege von Kunstgegenständen, daß man sie möglichst in Ruhe läßt.

Möbelpolituren pflegen weniger, als daß sie Oberflächen älterer Objekte angreifen können. Auch Feuchtigkeit und chemische Lösungen sind problematisch. Im Zweifelsfall ist trockenes Abreiben besser als feuchtes, bloßes Wasser unbedenklicher als chemische Mittel. Grobe Scheuermittel sollten Sie von allem fernhalten.

Wegen der Rostgefahr muß man bei Metall mit feuchter Reinigung sehr zurückhaltend sein. Bei Metall- und Kunststoffoberflächen sind Reinigungspasten wirksam, doch sollten diese einen möglichst feinen Schmirgelstoff aufweisen. Wenn sie ausgewiesenermaßen für Plexiglas geeignet sind, können Sie sie relativ unbedenklich benutzen.

Bei allen intensiveren Reinigungsvorhaben – vor allem wenn sie ältere Objekte betreffen – empfiehlt es sich, fachmännischen Rat einzuholen. Sollten weiterreichende Maßnahmen unumgänglich sein, gilt: immer erst an einer unauffälligen Stellen ausprobieren!

Bei der Aufbewahrung muß auf die Eigenschaften des jeweiligen Materials Rücksicht genommen werden. Holz leidet unter zu niedriger Luftfeuchtigkeit, wie sie in zentralbeheizten Räumen fast unumgänglich ist. Möbel sind insbesondere durch Fußbodenheizungen gefährdet. Ein Luftbefeuchter – empfehlenswert sind kaltverdunstende Geräte – ist nicht nur für die Möbel, sondern auch für die Bewohner angenehm.

Um Schwundrisse und Verwerfungen zu vermeiden, sind kühle, gleichmäßig temperierte Aufbewahrungsorte solchen mit starken Temperaturschwankungen vorzuziehen. Unbeheizte Schlafzimmer sind z. B. kostbaren Möbeln bekömmlicher als wechselweise stark beheizte und heftig gelüftete Wohnräume. Direkte Sonneneinstrahlung ist für viele Materialien schädlich. UV-Strahlung führt beispielsweise bei vielen Kunststoffen und Lacken zum Ausbleichen oder gar zur Zersetzung des Materials.

Ein weiteres Problem stellt Feuchtigkeit dar: Wer Dinge im Keller lagert, sollte prüfen, ob diese dafür geeignet sind.

Viele Porzellan- und Glasobjekte und fast alles aus Kunststoff vertragen die Reinigung in der Spülmaschine nicht. Bei Porzellan sind Überglasurdekore stark gefährdet, ebenso Vergoldungsränder usw. Bei Glas führt die hohe Temperatur – vor allem beim Trockenvorgang – leicht zu Spannungsrissen. Auch die Tatsache, daß ein Glas die Reinigung in der Spülmaschine einmal heil überstanden hat, ist keine Garantie dafür, daß es nicht beim nächsten Mal kaputt geht.

Verschmutzte Glasgefäße mit engen Hälsen lassen sich reinigen, wenn man sie nach längerem Einweichen mit etwas Spülmittel und Salz, ohne Wasser, mit einem Stück um einen hölzernen Kochlöffelstiel gewickeltem Küchenkrepp geduldig ausreibt und nachspült. Bei hartnäckigen Kalkrändern und Ablagerungen mehrmals wiederholen. Bei Verschmutzungen an völlig unzugänglichen Stellen sind Gebißreinigertabletten empfehlenswert. Gegen hartnäckige Kalkablagerung hilft auch Essig oder Zitronensäure.

### *Oberflächen polieren, neu lackieren, verchromen usw.*

Bei Antiquitäten als Sammlerstücke sollte Authentizität vor Glanz gehen. Will man ein makelloses, glänzendes Objekt haben, kann man sich ja ein neues kaufen, anstatt ein noch authentisches Stück zu ruinieren. Bei alten Objekten muß man auch deren Geschichte respektieren.

Das gilt natürlich nicht für Verschmutzungen, also Rostflecken, Verkrustungen und Schmutzschichten aller Art. Bei ihrer Entfernung sollte man wiederum so behutsam wie möglich zu Werke gehen. Wenn in der Fernsehwerbung mit Drahtbürstenaufsätzen für Bohrmaschinen auf Antiquitäten losgegangen wird, ist das schlichtweg barbarisch.

Gegen Rost sollte auf alle Fälle etwas unternommen werden. Bei robusten Oberflächen und wenn die etwaige Verchromung oder Vernickelung nicht zu dünn ist, beginnt man möglichst an einer verdeckten Stelle mit feinster Putzwolle. Dabei dürfen keine Kratzer auftreten. Bei beschlagenen und sehr unansehnlichen Oberflächen lassen sich zum Teil erstaunliche Wirkungen erzielen.

Auch häßlich und porös gewordenen Lack sollte man entfernen, allerdings mit einiger Behutsamkeit. Empfehlenswert ist hier Abbeizen oder behutsames Sandstrahlen (vom Fachmann!).

Häufig ist das Ganze jedoch eine Gratwanderung: Geht es um ein museales Stück, etwa einen originalen Stuhl von Mies van der Rohe, der auch Dokument seiner Herstellung ist, wäre eine Neuverchromung in höchstem Maße kontraproduktiv, ja als Zerstörung von Kulturgut zu werten. Handelt es sich allerdings um eine hunderttausendfach vorhandene spätere Ausformung, ist es Geschmackssache, wie man mit dem Objekt umgeht.

Wir Deutschen neigen allerdings zur Überperfektion. Man sollte hier von den Franzosen, Italienern und besonders auch von den Engländern lernen, die wesentlich lässiger und geschichtsbewußter mit ihren Objekten umgehen. Und der neueste Trend aus den USA ist der »shabby chic«. Inzwischen werden Antiquitäten sogar mit künstlichen Alterungsspuren versehen. Doch statt dieses Vergänglichkeitskitsches setze man lieber auf authentische Patina.

Ich rate vor übertriebenen Rundumerneuerungen grundsätzlich ab. Möglicherweise ist es auch besser, sich von einem Teil wieder zu trennen und statt dessen ein besser erhaltenes zu erwerben.

Es geht hier auch darum, Zeitlichkeit und Verfall zu akzeptieren. Übertriebene Anstrengungen, alte Objekte wieder im neuem Glanz erstrahlen zu lassen, sind im Grunde eine spießbürgerliche Art von Vandalismus.

*Angelaufenes Silber kann durch geeignete Polituren (Vorsicht: keinen Schmirgel verwenden!) wieder zu neuem Glanz gebracht werden.*

Wer z. B. wissen möchte, wie die originalen Bauhausstühle einmal bespannt waren, hat von einem durchgesessenen echten Stuhl oder beschädigten Rohrgeflecht mehr als von einem mit perfekter, aber neuer Bespannung. Im einen Fall ist der Stuhl ein authentisches, im anderen Fall ein verfälschtes Dokument.

Empfehlenswert ist es daher, bei weitergehenden Restaurierungen die entfernten Teile – zumindest exemplarisch – aufzubewahren. Originale Stoffstücke von Bezügen ermöglichen getreue Rekonstruktionen. Für spätere Datierung und genauere Bestimmungen des Objektes könnten genau diese die entscheidenden Hinweise liefern.

### *Etiketten, Aufkleber usw.*

Etiketten und Aufkleber stellen vielfach ein echtes Problem dar. Viele Designobjekte sind nicht mit einer fest mit dem Material verbundenen Signatur oder Marke (wie etwa Porzellan) versehen, sondern mit Aufklebern, angehängten Pappschildchen usw. bezeichnet. Gerade bei Gläsern der 50er Jahre ist oft das Etikett der Glashütte nur aufgeklebt.

Diese Aufkleber und Anhänger stören natürlich die Optik und sind zum Entfernen gedacht. Allerdings ist die »Signatur« für viele Sammler das Wichtigste. Ein konsequenter Sammler wird den Aufkleber daher im Zweifelsfall dort belassen, wo er ist. Entfernt man ihn aber, sollte dies möglichst behutsam geschehen. Am besten, man bringt ihn dann an einer weniger auffälligen Stelle, etwa der Unterseite, an oder bewahrt ihn separat auf, da er für die Identifizierung und Datierung des Stückes wichtige Hinweise enthält und beim Wiederverkauf entscheidend sein kann. Notfalls kann man auch ein Foto anfertigen.

Bitte setzen Sie nicht voraus, daß im Designbereich an irgendeiner Stelle alle Angaben gespeichert sind. Dies gilt nur für relativ wenige Stücke. Auch in Museumskatalogen sind viele Objekte als »anonym«, »ohne Angaben«, »Aufkleber fehlt« usw. beschrieben.

### *Elektrifizierung*

Die Elektrifizierung alter Geräte ist oft schadhaft, da die Kabel mit der Zeit mürbe werden und blankscheuern, Kontakte verschmoren oder korrodieren. Oft wurden Lampen, die für 60 Watt ausgelegt waren, höher belastet, und die Kabel sind entsprechend unbrauchbar. Wollen Sie solche Geräte benutzen, empfiehlt sich auf jeden Fall eine fachmännische Überholung. Eine Fachkraft ist spätestens dann notwendig, wenn moderne Ersatzteile nicht mit dem alten Bestand zusammenpassen. Auch sind die Sicherheitsstandards heute höher als früher.

Die Wiederherstellung der Funktion ist *eine* Sache. Aber auch eine Lampe, die leuchtet, muß deshalb noch lange nicht sicher sein. Wenn etwas daran nicht stimmt, können Sie sich leicht einen elektrischen Schlag holen oder einen Brand verursachen. Dabei stellt sich immer die Frage, ob man den authentischen Zustand bewahren will, etwa bei einem musealen Objekt. In diesem Fall würde man von einer Neuverkabelungen o. ä. absehen und sich lieber an dem Objekt unbenützt erfreuen.

Denn eines sollten Sie bedenken: Es geht bei einem elektrischen Objekt nicht nur um das Ding selbst, sondern seine Kabel, die originalen Stecker usw. gehören dazu. Des weiteren übrigens auch die Verpackung und die Gebrauchsanweisung, die Sie auf jeden Fall aufbewahren sollten. Sie sind Träger wichtiger Informationen zum Objekt, wie Firma, Herstelldatum, Verkaufsdatum, technische

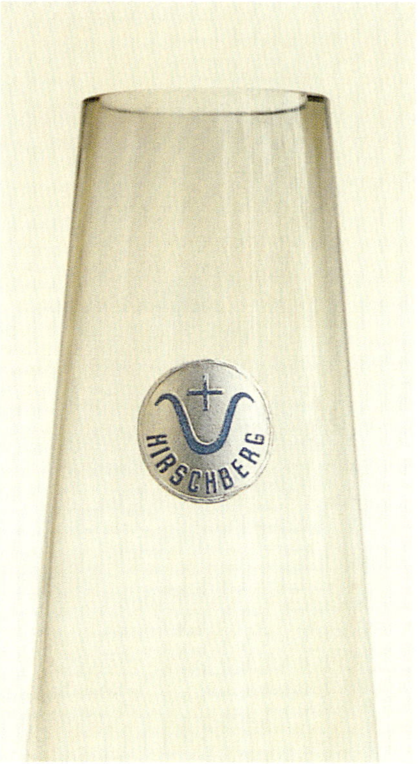


*Etiketten, etwa auf Glasvasen, verursachen einen echten Gewissenskonflikt: entfernen oder auf der Vase lassen?*

Angaben usw. Seit Anfang der 50er Jahre setzten sich bei Elektrogeräten beispielsweise Schukostecker durch. Die älteren Stecker, die also meist aus der Vorkriegszeit stammen, passen nur mit Adapter in heutige Steckdosen.

### *Anfertigen von Fotografien*

Es ist aus verschiedenen Gründen ratsam, von seinen Objekten gute Fotos zu besitzen: Im Falle eines Diebstahls ist ein Foto nützlich. Man kann es einem Experten zeigen, um dessen Meinung zu hören, man will sich vom Objekt trennen, aber das Foto als Vergleichsbeispiel behalten, einen bestimmten Zustand dokumentieren, oder man möchte es publiziert sehen. Außerdem lernt man beim Fotografieren einiges über die ästhetischen Qualitäten der Gegenstände. Bei meiner Suche nach brauchbaren Fotos für diese Veröffentlichung stieß ich immer wieder auf die gleichen, eigentlich leicht vermeidbaren Fehler.

Zunächst gilt: Es gibt bei Farbfilmen Tageslicht- und Kunstlichtfilme. Kunstlicht ist in der Regel wesentlich gelber als Tageslicht, weshalb bei Kunstlicht belichtete Tageslichtfilme stark gelbstichig ausfallen. Beim Fotografieren mit Kunstlicht – das sind Scheinwerfer mit Glühbirnen (nicht Leuchtstoffröhren, die in der Regel bläuliches Licht aussenden) – lohnt sich der etwas höhere Anschaffungspreis für einen Kunstlichtfilm.

Die meisten Fotografien sind unterbelichtet, und das hat einen sehr einfachen Grund: Designobjekte stehen normalerweise vor einem hellen Hintergrund oder sind selbst eher hell. Der Belichtungsmesser aber ist auf einen mittleren Grauwert geeicht. Er kann nicht zwischen einer schwarzen Wand bei viel Licht und einer weißen Wand bei wenig Licht unterscheiden und belichtet beide gleich, also jeweils falsch.

Um eine richtige Belichtung zu bekommen, benutzt man am besten eine sog. Graukarte, die einen standardisierten, mittleren Grauwert aufweist. Diese Graukarte hält man zum Messen der Belichtung vor das zu fotografierende Objekt, am besten parallel zum Fotoapparat (also nicht gegen das Licht gekippt, weil das das Meßergebnis verfälschen würde) und erzielt so eine neutrale und richtige Belichtung.

Blitzlicht ist problematisch, besonders bei stark reflektierenden Objekten, bei denen Sie die Reflexe nicht kontrollieren können. Besser ist es, mit einem Stativ zu arbeiten und allenfalls mit einem Blitz etwas aufzuhellen. Will man nun ganz perfekt sein, fotografiert man das Objekt vor einem passenden Hintergrund, etwa einem Fotokarton.

Fotografiert man bei Tageslicht, etwa im Freien, ist ein bedeckter, heller Himmel am geeignetsten. Bei blauem Himmel ist das Licht im Schatten sehr blaustichig. Direktes Sonnenlicht ist zwar farbneutral, ergibt aber stark strahlende Glanzlichter und wirft harte Schatten. Bei matten Oberflächen, wie etwa Bakelit, kann das durchaus erwünscht sein, ist aber bei glänzenden Gegenständen eine Katastrophe. Hier benötigt man ein möglichst mattes und kontrastarmes Licht.

Glas und silberne oder etwa verchromte Objekte sind wegen der Spiegelungen generell schwierig zu fotografieren. Hier muß man schon etwas experimentieren, um halbwegs befriedigende Ergebnisse zu erzielen.

Arbeitet man mit Scheinwerfern, ist es ratsam, zwei davon so einzusetzen, daß harte Schlagschatten aufgehellt werden, ohne daß dabei der berüchtigte Flutlichteffekt mit sich überkreuzenden Schatten entsteht.

## Original und Fälschung, Re-Edition und Kopie

Alles, was teuer ist und Geld bringt, ist fälschungsgefährdet. Allerdings sind nicht alle Objekte gleich leicht zu fälschen und daher nicht alle Bereiche gleich stark von Fälschungen betroffen. Grundsätzlich gilt: Solange der Designmarkt ein Altwarenhandel ist – also die alten Objekte weniger kosten als neue – sind sie praktisch »fälschungssicher«. Gefälscht werden dagegen jene hochpreisigen Objekte, die in den Auktions- und Museumskatalogen ganzseitig abgebildet sind. Manchmal wählen die Fälscher direkt nach diesen »Vorlagen« aus. Auffällig ist, wenn extrem teure Stücke immer wieder aus der gleichen Quelle bei Auktionen eingeliefert werden. Dies kann bedeuten, daß jemand einen

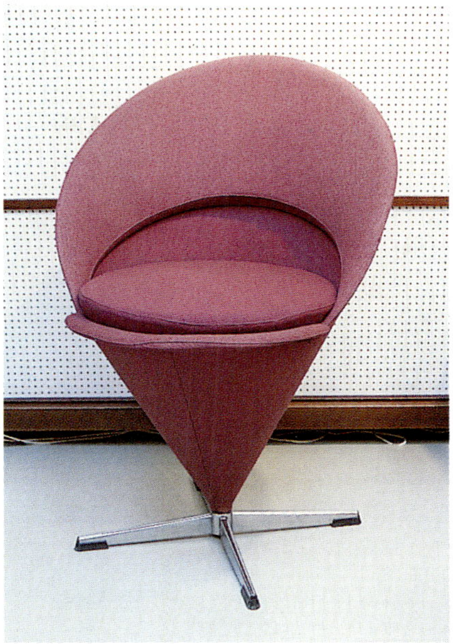

*Die begehrten Tütenstühle von Verner Panton (* 1926) werden auch gefälscht (hier ein Original).*

Fabriknachlaß aufgekauft hat, oder daß er selbst fabrizieren läßt.

Gefälscht werden darüber hinaus Dinge, die zwar als Einzelstück nicht sehr teuer sind, sich aber in großen Mengen relativ leicht produzieren lassen, etwa im Glasbereich. Allerdings wird auch hier eher das kunsthandwerklich Gefällige und weniger das designhaft Spröde imitiert. Auf jeden Fall gilt es auf der Hut zu sein.

Generell ist es jedoch nicht angebracht, das Thema Fälschung über die Maßen zu dramatisieren. Grundsätzlich sollte man jedes Stück, das man erwerben will, sorgfältig – auch auf Beschädigungen aller Art hin – prüfen. Dazu nimmt man den Gegenstand in die Hand, wendet es nach allen Seiten, schaut sich die Rückseite und Unterseite genau an, denn die sind immer besonders aufschlußreich.

Wenn es einen Grund gibt, der zu Fehlkäufen führt, dann ist es Hektik. Wer hindert Sie daran, ein Stück, für das Sie Geld auf den Tisch legen wollen, eine halbe Stunde lang intensiv zu begutachten? Geben Sie dem Objekt Zeit, auf Sie zu wirken. Was sagt es? Was beunruhigt Sie? Was kommt Ihnen merkwürdig vor? Sprechen Sie mit dem Händler und lassen sich von ihm die Dinge erklären. Fragen Sie nach. Aussagen wie: »Das weiß doch jeder (nur Sie nicht)«, bedeuten gar nichts. Lassen Sie sich nicht unter Zugzwang bringen. Wenn Sie sich nicht sicher sind, verschieben Sie die Kaufentscheidung. Versuchen Sie sich in der Zwischenzeit zu informieren.

In der Praxis spielen Fehldatierungen, Falschzuweisungen, Verwechslungen usw. eine weit größere Rolle als explizite Fälschungen. Wollen Sie sich dagegen einigermaßen absichern, sollten Sie im qualifizierten Fachhandel einkaufen und sich die zugesicherten Eigenschaften des Objekts auf der Rechnung schriftlich bestätigen lassen. Für diese Angaben haftet der Händler sechs Monate lang.



### *Re-Editionen*

Das eigentliche Problem im Designmarkt aber stellen weniger die Fälschungen als vielmehr die Designklassiker dar, die entweder über sehr lange Zeit oder aber nach längerer Pause wieder produziert werden. Grundsätzlich gilt, daß nur ein Stück, das mit den Intentionen und den konkreten impliziten und expliziten Entscheidungen des Entwerfers übereinstimmt, als originale Ausformung zu bezeichnen ist. Da sich aber im industriellen Bereich die Dinge sehr schnell ändern, sollte zwischen Entwurf und Ausführung nur eine möglichst kurze Zeit verstrichen sein. Als der letzte VW-Käfer vom Band rollte, war von den über 8.000 Einzelteilen exakt ein einziges Teil mit dem des Ursprungsautos identisch. Alle anderen waren verändert und ausgetauscht worden.

Ein Designer entwirft ein Teil für eine bestimmte Art von Fertigung, für ein spezielles Material, für ein konkretes Umfeld und erzielt dadurch das intendierte Ergebnis. Nun ändert sich die Herstellung, die Maschinen werden ständig verbessert, das Material modifiziert, die Verfahren rationalisiert usw. Schon nach zehn Jahren haben wir ein zwar äußerlich relativ ähnlich aussehendes, aber in seiner eigentlichen Substanz, in seinem Wesen bereits stark modifiziertes Stück vor uns.

Wird ein Designklassiker nach mehr als dreißig Jahren – also einer mittleren Ewigkeit nach Maßstäben der industriellen Fertigung – wieder neu in die Produktion genommen und als Re-Edition hergestellt, entsteht nicht mehr das Originalprodukt, sondern eine Replik. Auch die Tatsache, daß diese Repliken vom Entwerfer oder seinen Rechtsnachfolgern autorisiert sind, ändert im Grunde nichts daran. Es handelt sich dann eben um eine vom Entwerfer autorisierte Replik. Ruhm und Bedeutung gelten dem Original. Natürlich kann die Re-Edition ihre eigenen Meriten haben, vielleicht in einigen Details und Funktionen verbessert sein. Tatsache aber ist, daß die ästhetische und künstlerische Qualität des Originals nicht automatisch auf die Re-Edition überspringt.

Kunst ist eine heikle Angelegenheit. Sie ist ein Stildokument, und da sich der Zeitstil automatisch ändert, ist er nach dreißig Jahren nicht mehr authentisch herzustellen.

Der Sammlerwert von Re-Editionen ist beschränkt. Wenn Sie ein Designobjekt wegen seiner künstlerischen Ausstrahlung und Authentizität besitzen wollen, dann halten Sie sich an das Original. War das Objekt lange in Produktion, besorgen Sie sich ein möglichst frühes Objekt.

Andererseits gibt es – gerade beim Kunststoff – Objekte, die nicht unbedingt in Schönheit altern. Und manch einer legt Wert auf Perfektion und makellose Unversehrtheit. Anstatt ein altes Teil aufwendig zu restaurieren, bietet sich hier der Erwerb einer Replik an.

Repliken sind sicherlich auch eine Alternative, wenn es das Original gar nicht mehr zu kaufen gibt. Die Möbel von Eileen Gray wurden im Original in solch geringen Stückzahlen gefertigt, daß sie entweder gar nicht oder nur zu horrenden Preisen erhältlich sind. Selbst Museen greifen zu Dokumentationszwecken auf Re-Editionen zurück.

In der Praxis gibt es meist handfeste Merkmale, an denen man feststellen kann, von wann bis wann eine bestimmte Ausformung hergestellt wurde. So sind die dreibeinigen »Ameisen«-Stühle von Arne Jacobsen frühe Ausformungen, weil die späteren Stühle aufgrund neuerer Sicherheitsbestimmungen vierbeinig hergestellt werden mußten.

*Der »Weißenhof-Stuhl« des deutschen Architekten Mies van der Rohe (1886–1969), 1927 für die Weißenhof-Ausstellung in Stuttgart entworfen, wurde einer der bekanntesten Designklassiker und fand nach dem Krieg vor allem als Re-Edition weite Verbreitung (hier ein bereits zwischen 1932 und 1936 von Thonet gefertigtes Exemplar).*

### Kopien

Ein noch größeres Problem als die autorisierten Re-Editionen bilden die unerlaubten Kopien. Von ihnen sollte man unter allen Umständen die Finger lassen, denn hier begibt man sich bereits in einen kriminellen Bereich. Außerdem sind die Stücke – meist Möbel – in der Regel qualitativ minderwertig verarbeitet.

## Interview: »Leidenschaft gehört dazu«

Als Design-Enthusiast, der Sammler und Händler zugleich ist, und damit den Markt von beiden Seiten her überblickt, soll hier Alfred Ostermeier aus München zu Wort kommen:

***Frage:*** Du hast ja eigentlich Literatur studiert. Wie bist Du dann zum Design gekommen?

*Alfred Ostermeier (A. O.):* Nach dem Studium hatte ich eine Reihe von Bewerbungsgesprächen bei Verlagen, die aber letztendlich zu keiner Anstellung führten. So mußte ich mich umorientieren. Aus meiner Leidenschaft für die 50er und vor allem 60er Jahre machte ich dann einen Beruf.

***Frage:*** Woher kam diese Leidenschaft?

*A. O.:* Das hat sich mit der Zeit entwickelt. Ich bin 1984 nach München gezogen, und in meinem Bekanntenkreis sind immer mehr Menschen mit ähnlichen ästhetischen Vorlieben aufgetaucht, die Alltagsobjekte ähnlich empfunden haben wie ich. Darunter haben sich übrigens auch anerkannte Münchner Händler befunden. Das beeinflußte mich stark.

***Frage:*** Und wie wirkte sich dieser Einfluß aus?

*A. O.:* Zunächst besaß ich vor allem viel Leidenschaft und sehr wenig Objekte. Kurz vor 1990 habe ich angefangen, Stücke zu kaufen. Das war noch vor diesem großen Run auf Objekte der 60er Jahre. Ich habe auch bei Händlern gekauft, aber es war immer noch relativ einfach, auf Flohmärkten sehr gute Dinge zu finden. So baute ich mir einen einigermaßen großen Fundus auf, und mit dem im Rücken sah ich mich dann nach Ladenräumlichkeiten um.

1992 fand ich einen kleinen Laden in der Nähe des Viktualienmarkts (inzwischen bin ich in den Kunstpark Ost umgezogen), gleich neben dem einer alten Bekannten, die mit Kleidern der 50er bis 70er Jahre handelt. Wir waren der Meinung, daß sich das wunderbar ergänzt: sie mit den Kleidungsstücken und ich mit den Wohnobjekten dieser Zeit.

***Frage:*** Hast Du als Händler immer noch auf dem Flohmarkt eingekauft?

*A. O.:* Es hat sich im Laufe der letzten fünf, sechs Jahre auf dem Feld des modernen Designs sehr Grundlegendes ereignet. Die Dinge sind selten geworden. Anfang der 90er Jahre sind gute Stücke auf relativ niedrigem Preisniveau aufgetaucht. Das ist inzwischen kaum mehr der Fall. Daher muß man sich umorientieren: Man geht dann eben auf Antikmärkte, dann weiter zu anderen Händlern. Ich kaufe inzwischen viel bei anderen Händlern, weil ich froh bin, wenn ich an bestimmte Objekte überhaupt noch herankomme. Auf Auktionen zu kaufen, kann ich mir nur leisten, wenn ich etwas für meine eigene Sammlung möchte. Da bin ich noch zögerlich, fange aber doch damit an. Für den Handel in meinem Segment ist Auktionsware meistens zu teuer.

Ich habe immer mit Mittelware gehandelt, also nicht mit den Feld-, Wald- und Wiesendingen der 50er bis 70er Jahre und auch nicht mit den wirklich hochpreisigen Dingen dieser Zeit.

***Frage:*** Wie würdest Du dieses Mittelsegment definieren?

*A. O.:* Möbel- und Wohnaccessoires, deren Preise noch so liegen, daß sie sich ein durchschnittlicher Haushalt als Wohngegenstände leisten kann, und auch sehr junge Leute, sofern der Wille vorhanden ist, die geltenden Preise zu bezahlen.

Ich denke, wenn jemand einen Stuhl für 200 bis 500 DM kauft, kann er den noch in seine Wohnung stellen und benützen. Bei einem Stuhl für 5.000 bis 6.000 DM ist das schon anders.

***Frage:*** Würdest Du der These zustimmen, daß die klassische Zeit des Designs bereits vorbei ist? Daß also der Designkult der 80er Jahre im Grunde schon retrospektiv ist?

*A. O.:* Das ist meiner Meinung nach absolut richtig. Die Moderne beginnt

*Alfred Ostermeier auf einem anonymen Sessel der 60er Jahre.*

in den 20er Jahren, mit Vorläufern natürlich bis vor die Jahrhundertwende, und sie endet irgendwann Anfang der 70er Jahre, definitiv dann mit diesen postmodernen Paukenschlägen aus Italien. Alchimia, Memphis sind das Totenglöckchen für die Moderne. Ich denke, man kann die Moderne zweiteilen, also das, was als Klassische Moderne »gut abgehangen« ist, und dann eben die zweite Hälfte der 50er Jahre bis in die frühen 70er Jahre.

Diese Etablierung des Designs in den 80er Jahren ist eigentlich retrospektiv. Es ist ja auch so, daß in den 60er Jahren wesentlich weniger über Design diskutiert wurde. Man sprach über die gute Form und über den guten Menschen in einer mit guter Form eingerichteten Wohnung. Das war weniger eine Frage der Kunst als vielmehr ein ethischer Anspruch. In den 80er Jahren kehrte sich die Diskussion um. Design wird plötzlich zur Kunst und dann zum Fetisch der postmodernen Gesellschaft. Damit steht Design außerhalb des ästhetisch-ethischen Zusammenhangs.

***Frage:*** Bist Du eigentlich mit den Fachpublikationen und Institutionen zufrieden?

*A. O.:* Die Sammlung des Museum of Modern Art ist natürlich sehr umfangreich. Aber die ständige Ausstellung zeigt nur die Dinge, die man als Fachkundiger ohnehin kennt.

***Frage:*** Im Grunde ist also die Sammlung des Museum of Modern Art ein Mythos. Existiert eigentlich eine Liste, was die alles haben?

*A. O.:* Niemand besitzt meines Wissens diese Liste. Die Inventarlisten dürfte nur das Museum selbst besitzen. Aber der Einfluß dieser Institutionen ist natürlich sehr groß, ein Beispiel: Ich hatte einen Satz sehr früher »Ameisenstühle« von Arne Jacobsen. Die waren absolut unverkäuflich, bis dann die Neue Sammlung hier in München ein Arne-Jacobsen-Ausstellung gezeigt hat. Da

*Schreibtischlampe »idell«, Entwurf Christian Dell, 30er Jahre, Hersteller Kaiser.*



waren sie dann innerhalb von Tagen verkauft.

***Frage:*** Wie hältst Du's mit der Qualität?

*A. O.:* Wenn ich hier von Mittelware gesprochen habe, so gilt das nur für die Preisbewertung. Vom Ästhetischen her achte ich sehr darauf, daß die Dinge eine hohe Qualität besitzen.

***Frage:*** Wie stehst Du zu Re-Editionen?

*A. O.:* Ein Designer macht sich Gedanken über ein Objekt, das in Industrieserie produziert wird. Der Designer oder sein Produzent besitzen die Lizenz. Bei einer Re-Edition ist dann entscheidend, daß der Wiederaufleger diese Lizenz hat. Dann ist eine Re-Edition definitiv als Original zu werten. Natürlich nicht als Erstauflage. Ein Eames-Stuhl von Vitra ist ein Original der zweiten Generation. Für einen Sammler interessant ist ein Eames-Stuhl der ersten Generation, von Herman Miller.

Davon muß man dann die Plagiate abgrenzen, wie sie in Italien sehr oft produziert werden. Das sind schlichtweg Fälschungen ohne irgendeinen Wert. Es ist übrigens ein Paradoxon des Marktes, daß die Re-Editionen als »first hand« meist teurer sind als die Originale, aber kaum einen Sammlerwert besitzen.

Es gibt zu diesem Thema interessante Ausstellungen, die zeigen, wie sich bei Bauhaus-Entwürfen, die in den späten 20er, frühen 30er Jahren zum ersten Mal produziert wurden, im Lauf der Zeit die Verarbeitung änderte. Trotzdem bleiben die später produzierten Lizenzstücke Originale und sind letztendlich auch als Originale handelbar. Zumindest wird das von den großen Auktionshäusern so gehandhabt. Allerdings muß man das entsprechend deklarieren. Man kann nicht einen Breuer-Stuhl der 50er-Jahre-Produktion als ein Original aus den frühen 30er Jahren verkaufen.

***Frage:*** Wie steht es mit Fälschungen?

*A. O.:* Fälschungen gibt es. Glas war das erste Segment, das hochpreisig wurde und dann auch das erste

Feld, in dem Fälscher auftraten. Seitdem die Preise für Objekte der 50er und 60er Jahre angestiegen sind, werden z. B. die Eistütenstühle von Panton in Tschechien gefälscht. Diese Fälschungen sind sehr gut gemacht und auf alt getrimmt. Aber der Fachmann erkennt sie an einzelnen Details.

Natürlich wird Bauhaus gefälscht, und zwar in Italien rauf und runter, also viele Breuer-Entwürfe, einfach deshalb, weil sich das angesichts der Preise lohnt.

Die Fälschungen sind oft auf handwerklich hohem Niveau ausgeführt. Bei Murano-Fälschungen beispielsweise werden die Dinge auch üblicherweise auf Murano selbst ausgeführt, einfach deshalb, weil der handwerkliche Anspruch dieser Gläser sehr hoch ist. Man muß dabei immer im Auge behalten, daß eine Signatur gefälscht und ein Klebeetikett nachträglich aufgebracht werden kann.

Generell kann man sagen, daß das Fälscherinteresse immer auf Gebiete zielt, die viel Geld bringen, daher ist das ganze hochpreisige Segment im Grunde fälschungsgefährdet.

Kunststoff ist in der Regel schwieriger zu fälschen, weil man da erst die sehr aufwendigen Formen braucht. Und das würde sich erst bei hohen Auflagen lohnen. Trotzdem gibt es auch Plastikfälschungen.

***Frage:*** Wie bringt man ein altes Teil wieder zu neuem Glanz?

*A. O.:* Je älter und je seltener ein Teil ist, umso großzügiger betrachtet man Beschädigungen. Ein sehr seltenes Bauhaus-Stahlrohrmöbel kann auch in beschädigtem Zustand noch äußerst interessant sein.

Als Faustregel gilt: Glas und Porzellan sind für mich nicht mehr interessant, wenn Schläge oder Brüche vorhanden sind. Man kann das üblicherweise nicht mehr reparieren oder wenn, dann nur sehr aufwendig. Die Dinge sind dann einfach ka-

*Kunststoff ist für viele Sammler das Höchste: Schirmständer »Dedalo«, entworfen von Emma Schweinberger-Gismondi für Artemide, um 1970.*

putt und damit auch wertlos. Reparaturen lohnen sich eventuell bei größeren, figürlichen oder sehr seltenen Teilen.

Beim Stahlrohr sollten keine Brüche vorhanden sein. Rost und Flugrost stören dagegen nicht grundsätzlich. Man muß das dann entsprechend restaurieren.

Bei Plastik gilt: Kratzer sind wertmindernd, aber sie zerstören das Objekt nicht. Ein Gebrauchsgegenstand darf durchaus Spuren des Gebrauchs zeigen. Bei hartem Plastik stören mich nicht einmal kleine Ausbrüche an Stellen, wo dieses Teil nicht belastet wird, und die restaurierbar sind. Einen Bruch an einer nichtbelasteten Stelle kann man z. B. beim Plastikschweißer beheben lassen. Oder man läßt Ausbrüche mit Plastikmasse ergänzen. Plastik ist für mich dann kaputt, wenn Brüche vorhanden sind, die definitiv nicht mehr durch Restaurierungsmaßnahmen repariert werden können. Die Elastizität des Materials ist bei einer Restaurierung immer mitzubeachten. Es gibt eben Grenzen.

Grundsätzlich wichtig ist, daß man Restaurierungen fachmännisch macht oder machen läßt. Flugrost an Stahlrohrmöbeln läßt sich z. B. relativ gut mit feiner Stahlwolle entfernen. Teilweise kann man sogar Metallobjekte mit Eiseneinlagen verstärken, wodurch allerdings die Elastizität leidet. Bei Metallobjekten lasse ich derartige fehlende Teile bei Metallbildhauern nachfertigen. Das ist zwar teuer, aber es lohnt sich.

Ich lege Wert auf größtmögliche Authentizität: Das Teil soll die Optik behalten, die es einmal gehabt hat. Das geht bis zu den Schrauben. Man darf nur Schrauben verwenden, die da auch hingehören. Was ich ablehne, sind die leider im Handel immer wieder auftauchenden Mariagen, wo aus Einzelteilen verschiedener Herkunft neue Objekte zusammengebastelt werden, die es so nie gegeben hat. Ein seriöser Händler handelt nicht mit solchen Dingen.

Ein anderer Fall ist es, wenn bei einem Serienprodukt ein Teil fehlt. Ich kaufe z. B. Wagenfeld-Lampen in nicht-intaktem Zustand auf dem Flohmarkt als Ersatzteillager für andere, gleiche Lampen, bei denen ein Teil defekt ist. Wenn das produktidentische Teile sind, ist das keine Mariage.

Als Beispiel für Restaurierung steht etwa der Plastiksessel »Pastille« von 1968: Er besteht im Original aus lackiertem Fiberglas. Wenn nun im Fiberglas durch Steine kleine Löcher entstanden sind, oder wenn der Lack Krakelierungen zeigt, würde man das mit entsprechender Plastikmasse spachteln, gut durchtrocknen lassen, den Originallack so weit wie nötig abschleifen und das Objekt neu lackieren. Das ist meiner Meinung nach eine zulässige Restaurierungsmöglichkeit. So sind auch Plastiklampen einerseits leichter restaurierbar als Möbel, weil sie eben nicht belastet werden, andererseits schwierig, wenn es einen Durchscheineffekt gibt.

***Frage:*** Welchen Wert besitzt die originale Oberfläche?

*A. O.:* Je originaler das Objekt zu erhalten ist, desto besser. Soweit eine Neulackierung oder Neuverchromung nicht notwendig ist, sollte man davon Abstand nehmen. Restaurieren muß man z. B., wenn bei einer Lampe ständig Lackpartikel abblättern. Kleine Abschürfungen usw. kann man dagegen durchaus in Kauf nehmen. Aber das liegt im Ermessen des Einzelnen. Es gibt da unterschiedliche Auffassungen.

Ich habe da in meiner Händlerkarriere schon einiges Lehrgeld bezahlen müssen. Eine Kundin hat z. B. zwei Messinglampen gekauft und noch stehen lassen, weil sie andere Einkäufe zu erledigen hatte. Ich dachte dann, ich tu' ihr was Gutes und polierte die Lampen nochmal. Als sie zurückkam, hat sie eine große Szene hingelegt. Sie wollte die Lampen unbedingt mit Patina, weil sie entsprechende Gegenstände mit ebendieser Patina in ihrem Schlafzimmer hatte. Seitdem bin ich sehr vorsichtig. Ich belasse Gegenstände möglichst im Originalzustand, versuche sie so zu verkaufen und überlasse den Grad der Restaurierung dann dem Kunden, der möglicherweise ein anderes ästhetisches Empfinden hat als ich.

Lösen sollte man sich meiner Meinung nach von diesem postmodernen Perfektionismus, bei dem alles edel, ohne Makel und Kratzer sein muß. Es nimmt den Objekten »meiner Zeit« die Authentizität, wenn man sie einer 80er- und 90er Jahre-Ästhetik unterwirft und überrestauriert.

***Frage:*** Wie hat sich der Markt in den letzten Jahren verändert?

*A. O.:* Ich fand die Tatsache bezeichnend, daß sich ein Münchner Händler deshalb vom Design abgewendet hat, weil die großen Auktionshäuser den Markt für seine Ware mehr und mehr bestimmen. Vor dem großen Run auf die 60er Jahre fand man noch auf allen Ebenen sehr gute Objekte, wie schon erwähnt: also vom Flohmarkt über Antikmärkte, Trödler und Fachhändler, bis hin zu den großen, etablierten Antiquitätenhändlern. Daß sich die großen Auktionshäuser seit etwa 1995 mit einem enormen Aufwand auf dieses Segment stürzen, ist ein relativ neues Phänomen und hat natürlich den Markt grundlegend verändert. Das treibt die Preise nach oben, aber erhöht die Akzeptanz beim Publikum.

Im Handel hat sich dadurch eine gewisse Änderung ergeben. Früher waren das Leute, die mit Leidenschaft an die Materie herangingen. Heute gibt es da auch solche, die vor allem das Geld sehen. Und darunter leidet dann notgedrungen die Seriosität. Grundvoraussetzung für einen Händler aber sollte die Leidenschaft sein, die man für diese Dinge empfindet.

***Frage:*** Wie siehst Du die weitere Entwicklung?

*A. O.:* Eigentlich sollte ich aufhören, meine Sachen zu verkaufen. Ich glaube, daß Dinge, die ich heute für 200 bis 300 DM verkaufe, in zehn Jahren ein Vielfaches dieses Preises kosten werden. Im Moment müßte man eigentlich spekulieren.

***Frage:*** Welche Leute kaufen Designobjekte?

*A. O.:* Das ist sehr breit gestreut. Leider Gottes laufen im Moment den jungen Leuten die Preise davon. Ich habe als Kunden sehr viele Freiberufler, Leute aus den sog. Kreativberufen, also Graphikdesigner, Architekten, Inneneinrichter, Leute aus der Medienszene.

***Frage:*** Wie ist das Verhältnis von Sammlern und Einrichtern?

*A. O.:* Ich war inzwischen schon in einigen Wohnungen meiner Kunden, und natürlich sind die Grenzen fließend. Üblicherweise ist es aber so, daß die Sammler Dinge kaufen, um sich damit einzurichten, weniger als Vitrinenobjekte. Natürlich haben diese Leute meist auch den entsprechenden Platz zur Verfügung.

Eine Kundin hat sich z. B. für ihre figürliche Royal-Dux-Sammlung von einem hochbezahlten und sehr etablierten Kunstschreiner einen Maßschrank anfertigen lassen. Das ist natürlich dann das Überobjekt.

***Frage:*** Besteht nicht auch die Gefahr, daß man als Sammler in den Dingen ertrinkt?

*A. O.:* In meiner Wohnung besteht sicherlich diese Gefahr. Aber ich muß mich da in Schutz nehmen, weil ich ja schließlich mit den Sachen handle.

Grundsätzlich ist es aber so, daß man als Sammler anspruchsvoller wird und dann eben auch Objekte wieder abstößt.

***Frage:*** Hast Du noch spezielle Tips, was deiner Meinung nach noch günstig und unentdeckt ist?

*A. O.:* Was ich faszinierend finde, ist, daß noch äußerst ansprechende Keramik sehr günstig zu haben ist. Nicht nur anonyme Stücke, sondern auch richtiggehende Studiokeramik. Die taucht noch immer zu Preisen auf, die dem ästhetischen Wert in keinster Weise entsprechen. Ich meine nicht die Serienkeramik, die zum Teil auch in überzeugenden Stücken noch billig auftaucht, sondern wirklich Handgetöpfertes, das im Moment noch wenige wollen. Ich kaufe derartiges natürlich, wenn ich es sehe.

***Frage:*** Hast Du noch eine Botschaft an die Leser?

*A. O.:* Einen Punkt finde ich sehr wichtig: Indem man diese abgetanen Dinge der Konsumkultur als sammelnswerte Objekt entdeckt, recycelt man Gegenstände, die offensichtlich weggedrängt werden sollen, obwohl sie nach wie vor ästhetisch nicht erledigt sind und auch noch funktionieren. Damit widersetzt man sich letztendlich der Wegwerfmentalität dieser Gesellschaft und entzieht diese Dinge der Ex-und-hopp-Attitüde, die das Neue nur um des Neuen willen schätzt.

# Markttrends und Tips

## Marktlage und Preise

Allein die Tatsache, daß über Designobjekte ein Preisführer publiziert wird, zeigt, daß sich in diesem Bereich ein Markt etabliert hat. Für eine Vielzahl von Objekten haben sich mehr oder weniger feste Bewertungen eingependelt, wobei sowohl auf Seite des Angebots wie auf Seite der Nachfrage die Dinge noch immer stark in Bewegung sind.

*Die Preise für Stühle von Jean Prouvé (1901–1984) haben in den letzten Jahren stark angezogen.*

### *Bauhaus und frühes Stahlrohr*

Als Grundtendenz läßt sich festhalten, daß die wirklich etablierten Bereiche des Designs – vor allem alles, was mit Bauhaus und frühen Stahlrohrmöbeln zu tun hat – ihren einstweiligen Höhepunkt erreicht, vielleicht sogar bereits überschritten haben. Nur noch absolut erstklassige und zugleich rare Objekte wie etwa Marianne Brandts Tee-Extrakt-Kännchen (Abb. Nr. 125) sorgen für Sensationspreise. Die hohe kulturhistorische und künstlerische Bedeutung dieser Objekte ist seit den 50er Jahren allgemein bekannt, und so läßt sich hier von einem konsolidierten Marktbereich sprechen.

### *Nachkriegsdesign*

Anders sieht es beim Design der Nachkriegszeit aus, das vor allem seit etwa 1990 einen regelrechten Boom erfährt. Lange Zeit war man hier mit Objekten einer Epoche konfrontiert, die das Kulturestablishment ablehnte bzw. dem es zwiespältig gegenüberstand.

Vielleicht war die Neuentdeckung des modernistischen Designs der 50er bis 70er Jahre eine Gegenreaktion auf die Postmoderne und viele Designmätzchen der 80er Jahre. Plötzlich erkannten einige Leute, daß der spröde und mitunter ein wenig schräge Modernismus der 50er bis 70er Jahre bereits historisch geworden war.

Ich hatte vor wenigen Jahren selbst ein Aha-Erlebnis, als mir nach dem Besuch einer Jeff Koons-Ausstellung mit ihren betont kitschigen Objekten und Arrangements ganz spontan der spröde Charme der Nachkriegsbauten in der Stuttgarter Fußgängerzone aufging, die ich vorher – wie allgemein üblich – rechtschaffen verachtet hatte. Mit einem Schlag wurde mir bewußt, daß dies authentische, in ihrer Art kraftvolle und nicht mehr wiederholbare Stildokumente einer vergangenen Zeit sind.

Kaum begannen die Objekte dieser Epoche zu verschwinden, fragten sich manche Leute, wo denn diese eigentümlich eindrucksvollen, irgendwie bizzaren, aber auch interessanten Dinge geblieben sind. Einige Enthusiasten begannen sich dafür zu interessieren und stöberten solche Objekte auf.

### *Der Run auf Kunststoff*

Wurden zuerst die 50er Jahre »gesellschaftsfähig«, setzte bereits kurz darauf der Run auf die Kunststoffmöbel der 60er und frühen 70er Jahre ein. Inzwischen haben sich auch die internationalen Auktionshäuser diesem Trend angeschlossen. Kunststoff ist dabei, als magisches Material des modernen Designs das lange dominierende Stahlrohr abzulösen. Das Interesse an Stahlrohr ist sozusagen gesättigt, und Kunststoff ist das, was im Moment neu, aufregend und trendy ist. Hier darf man noch auf Überraschungen gespannt sein.

Ausstellungen wie die im Frühjahr 1998 in München von der Neuen Sammlung zum Thema Plastik veranstaltete, sind weniger Initiatoren als vielmehr Begleiterscheinungen dieses Trends.

Der Entwicklungsverlauf entspricht dem aller Sammelgebiete: Zuerst stürzt man sich auf die bekanntesten und berühmtesten Stücke. Bei den Kunststoffobjekten der Spitzenklasse bemerkt man dann jedoch sehr schnell, daß erstaunlich wenig Ware vorhanden ist, obwohl es sich doch um angebliche Massenprodukte handelt (aber teures und extravagantes Spitzendesign wurde nur selten in großen Stückzahlen verkauft). Bei den als rar erkannten Stücken ziehen die Preise dann kräftig an, während sich das Marktgeschehen in die Breite orientiert und dort herausfischt wird, was attraktiv und substanziell erscheint.

### *Fazit*

Grundsätzlich gilt: Künstlerische Qualität (siehe dazu auch das folgende Kapitel) tritt mit zunehmendem zeitlichen Abstand immer klarer und deutlicher hervor. Und auch massenhafte Objekte werden mit der Zeit immer seltener. Diese beiden Tatsachen sprechen dafür, daß der bisher nicht ausgereizte Bereich des Designs, also vor allem auch Nachkriegsdesign, in Zukunft preislich anzieht, und daß es vieles gibt, das überhaupt erst als sammelwürdig zu entdecken ist.

Ich selbst habe es erlebt, daß auf dem Flohmarkt eine völlig unbeschädigte mechanische Schreibmaschine der 50er Jahre für eine Mark angepriesen wurde und niemand sich dafür interessierte (ich habe mich ihrer dann erbarmt). Es tut weh zu sehen, wie hier sehr schöne Dinge kaum beachtet werden, Dinge, die bereits in zehn Jahren – nachdem man sie vernichtet haben wird – allgemein begehrt sein werden.

Im Designbereich gibt es noch viel zu entdecken, was wirklich Substanz und Qualität und damit auf lange Sicht hin Marktwert besitzt.

Design ist eine demokratische Kunstform, die die feudalen Kunststrukturen des Kulturestablishments untergräbt. Jeder kann heute für wenig Geld bedeutende Designobjekte, etwa die Coca-Cola-Flasche, erwerben. Im Bereich der Mode (Stichwort »Markenbewußtsein«) ist vor allem bei der jungen Generation dieser Prozeß der Design-Bewußtwerdung schon seit einiger Zeit zu beobachten. Die Phase der Massenproduktion der Nachkriegszeit, in der alles möglichst funktional und billig sein sollte, ist im Westen Geschichte und wird von erhöhtem und hoffentlich auch in die Breite wirkendem Qualitätsbewußtsein abgelöst.

Der Sammelbereich Design steht noch am Anfang und ist noch keineswegs – wie viele andere Sammelgebiete – ausgereizt. Das, was es in seiner historischen Bedeutung noch zu positionieren gilt, besitzt erhebliches Preissteigerungspotential. Vor allem dort – etwa im Gerätebereich –, wo für namhafte Produkte noch immer Flohmarktpreise verlangt werden, kann die Preisentwicklung nur nach oben gehen.

## Preisfaktor Qualität

Die Qualität von Designobjekten und ihr daraus resultierender Tauschwert ist im Gegensatz zu vielen anderen Antiquitäten oft paradox und verwirrend, so daß es hier geraten erscheint, etwas genauer darauf einzugehen.

Der Tauschwert eines Designobjekts ergibt sich aus dem komplexen Verhältnis von Angebot und Nachfrage, das sich zunehmend differenziert. Die Gründe, warum die Nachfrage für ein bestimmtes Objekt entsteht, sind zwar vielfältig, doch im Kern dreht es sich immer wieder um die Qualität. Dazu kommen noch reine Marktmechanismen wie etwa Seltenheit. Aber die Seltenheit allein tut es ebensowenig wie das Alter.

Zunächst einmal erhebt sich die Frage, ob es sich bei der Qualität ei-

*Hochwertige Designobjekte wie die Salz- und Pfefferstreuer »Max und Moritz« aus den 50er Jahren von Wilhelm Wagenfeld (1900–1990) dienen nicht nur ihrem Zweck, sondern schulen ganz nebenbei das Qualitätsbewußtsein.*

nes Designobjekts automatisch um eine künstlerische handelt, oder ob auch Funktionalität, historische Neuheit usw. eine Rolle spielen. Tatsache ist aber: Ein Stuhl kann noch so bequem und zu seiner Zeit noch so neuartig sein; wenn er keine künstlerische Qualität besitzt, stoßen diese Eigenschaften auf nur beschränkte Begeisterung. Funktionalität, historische Bedeutung usw. verstärken das Interesse, das aufgrund der künstlerischen Substanz besteht, aber sie können es kaum selbständig erzeugen.

### *Künstlerische Qualität*

Die Frage der künstlerischen Qualität ist noch immer ein ungelöstes Geheimnis. De facto gibt es nur eine einzige Methode, künstlerische Qualität zu ermitteln, und das ist der meditative Vergleich. Kant nannte es das »interesselose Wohlgefallen«. Man präsentiert eine Reihe von Kunstwerken oder Objekten und sortiert nach einiger Zeit das aus, das einen am wenigsten überzeugt, am wenigsten kraftvoll und in sich stimmig erscheint. Dieses Spiel wird dann immer weitergespielt.

Im Lauf der Geschichte hat es sich herausgestellt, daß – abgesehen von gewissen Schwankungen – zu allen Zeiten im Endeffekt tendenziell die gleichen Werke übrigblieben. Dies gilt auch für das Design. Alles, was im Designbereich berühmt oder auch nur bekannt ist, ist von hoher Qualität. Das bedeutet nicht, daß einem persönlich immer alles gefallen muß. Gefallen und Qualität sind nicht dasselbe. Und häufig braucht es viel Zeit, um die Qualität einer Sache zu erkennen.

Es gibt also zwei Methoden, Qualität zu erkennen. Entweder man lernt alles auswendig, was jemals als qualitätvoll publiziert wurde. Oder man schult den eigenen Blick für künstlerische Dichte, Kraft und Intensität. Dies bedarf eines geduldigen Trainings. Aber es eröffnet die Möglichkeit, Unentdecktes aufzuspüren (das dann häufig auch noch preisgünstig ist).

Zum Schulen des Qualitätssinns gehören sicherlich Museumsbesuche. Dort sind die besten Dinge ausgestellt. Leider fehlt hier der Vergleich der guten Stücke mit den weniger guten. Das lernt man vielmehr auf dem Flohmarkt, der sozusagen ein Museum des schlechten Geschmacks darstellt. Wer auf dem Flohmarkt Qualität sucht, muß sich durch sehr viel Schrott, Müll, Schund und miese Qualität wühlen, kann dabei aber seine Augen für Qualität schärfen. Und er muß die Entscheidung fällen: Ist das Stück gut oder trivial? Erst der Vergleich von Gut und Schlecht macht die Verdienste des Hervorragenden wirklich deutlich.

*Dieser Wasserkocher sieht nur so ähnlich aus wie der berühmte, von Peter Behrens für AEG entworfene und ist daher weit weniger begehrt.*

Besser aber noch als im Museum oder auf dem Flohmarkt lernt man Qualität anhand der eigenen Sammlung, da man hier die Stücke nicht nur für kurze Zeit, sondern ständig um sich hat. Irgendwann reift dann die Einsicht, daß dieses oder jenes Stück nicht das Niveau der restlichen Stücke erreicht, und man wird es aussondern. Dadurch werden Sammlungen üblicherweise immer hochkarätiger.

## Kapitalanlage

Wer noch vor zehn Jahren alles hochklassige Design aufgekauft hätte, hätte heute finanziell ausgesorgt. Design hat somit bewiesen, daß es nicht nur zur Kapitalanlage, sondern sogar als Spekulationsobjekt taugt. Inzwischen hat sich der Markt allerdings weiter entwickelt. Manche Objekte, vor allem die hochkarätigen, berühmten Stücke, haben mittlerweile wohl eine vorläufige Preisgrenze erreicht.

Design ist noch immer ein weites und materialreiches Feld, das allerdings für den klassischen Kapitalanleger einen entscheidenden Nachteil hat: Es verlangt sehr viel Sachkompetenz. Umgekehrt haben oft die, die Sachkompetenz besitzen, nicht das nötige Kleingeld, um sich als Kapitalanleger oder Spekulanten zu betätigen. Kommen aber Sachkompetenz und Geld zusammen, dann dürfte sich eine Geldanlage in Design lohnen. Entscheidendes Kriterium einer Geldanlage ist die spätere Realisierbarkeit, d. h. Ihr Objekt ist nur soviel wert, wie jemand bereit ist, dafür zu bezahlen. Daher sollten Sie bei Ihren Erwerbungen unbedingt auf Qualität und Authentizität setzten und vor allem nicht durch falsche und unnötige Restaurierungen die Kapitalanlage ruinieren.

### *Preis- und wertbestimmende Faktoren*

**Alter** wirkt tendenziell wertsteigernd. Der Verschleiß führt dazu, daß die Dinge selten werden.
**Bekanntheitsgrad, Kultstatus:** Es gibt Designobjekte, die durch ihre häufige Erwähnung in Publikationen einen hohen Bekanntheitsgrad besitzen, etwa der Volksempfänger, der Ventilator von Behrens, der »Schneewittchensarg« usw., so daß diese Objekte begehrt sind.
**Designername:** Viele Designernamen stehen für Qualität und Wertschätzung. Können sie mit einem Produkt verbunden werden, so wirkt dies – bei den ganz großen Namen sogar zum Teil exorbitant – wertsteigernd.
**Erhaltungszustand:** Ein schlechter Erhaltungszustand kann den Preis gegen Null tendieren lassen, vor allem bei Glas und Porzellan.
**Funktionstüchtigkeit:** Objekte, die heute noch im Einrichtungszusammenhang eingesetzt werden können, wie Möbel, Kaffeeservice, Lampen, Toaster usw., sprechen auch ein nicht sammelndes Publikum an. Für solche Stücke entwickeln sich die Preise in Relation zum Gebrauchswert.
**Größe:** Große Objekte sind meist teurer als kleine. Dieser Effekt verstärkt sich im Lauf der Zeit, weil große Objekte die Zeit tendenziell seltener überstehen. Umgekehrt gibt es sperrige Möbel, die gegenüber ihren handlicheren »Kollegen« schwerer verkäuflich sind.
**Konsummoden:** Auch im Designbereich gibt es ausgesprochene Moden. Noch vor kurzem waren alte Toaster sehr gefragt, momentan sind es Warmhaltekannen mit Filzeinlage.
**Künstlerische Qualität** hat sich bislang als sehr wertkonstant erwiesen (siehe auch S. 39). Da künstlerische Qualität aus dem zeitlichen Abstand oft klarer erkennbar ist als für Zeitgenossen, bewirkt sie häufig eine Wertsteigerung mit zunehmender zeitlicher Distanz.
**Kulturgeschichtliche Bedeutung:** Manche Designobjekte besitzen über ihre gestalterische Qualität hinaus auch eine Bedeutung als kulturgeschichtliches Dokument.
**Marke:** Es gibt bekannte Hersteller, die von Sammlern besonders geschätzt werden, und deren Produkte aus einer bestimmten Zeit einen erhöhten Sammlerwert genießen. Solche Firmen sind etwa WMF, Braun, Olivetti und Thonet.
**Material** wirkt im Designbereich oft preisentscheidend. Abgesehen vom bloßen Materialwert sind hier seltene Ausformungen oder solche in einem bestimmten Material besonders gefragt. Entscheidend ist aber immer auch, ob eine bestimmte Form mit einem bestimmten Material oder einer bestimmten Zeit korrespondiert.
**Nostalgie:** Gewisse Objekte verkörpern eine bestimmte Zeit – oft mit Jugenderinnerungen verbunden – und lösen bei vielen Leuten nostalgische Gefühle aus.
**Präsenz** in wichtigen Sammlungen. Der Hinweis, das sich das Objekt in der Sammlung des Museum of Modern Art, in wichtigen Designsammlungen wie Berlin, Köln oder München befindet, erhöht die Reputation und damit die Wertschätzung eines Objektes. Sie wird damit sozusagen »amtlich«.
**Provenienz:** Eine gesicherte Provenienz, vor allem bei seltenen und hochpreisigen Stücken, erhöht den Wert zusätzlich (wenn sie z. B. eine frühe Datierung absichert).
**Publiziertheit:** In Fachpublikationen beschriebene und abgebildete Objekte genießen besondere Wertschätzung und heben sich über das Gros des Anonymen hinaus.
**Restaurierungen** sind in der Regel wertmindernd, können aber auch wertsteigernd wirken, wenn es um die Funktionstüchtigkeit geht, etwa Neuelektrifizierung usw.
**Seltenheit** kann den Preis bestimmen.
**Signaturen** und Marken erhöhen den Wert. Das gleiche gilt für Originalverpackungen usw., aus denen die Identität des Stücks hervorgehen.
**Stildokument:** Objekte, die einen begehrten Stil typisch verkörpern, etwa ein Nierentisch, genießen über ihre eigentlichen Meriten hinaus eine gewisse summarische Wertschätzung.
**Technikgeschichtliche Bedeutung:** Manche Designobjekte sind besonders interessante Dokumente der Technikgeschichte.
**Vollständigkeit:** Bei vielen, oft mehrteiligen Objekten ist die Wahrscheinlichkeit, daß ein Teil fehlt, etwa der Deckel einer Kaffeekanne, sehr hoch. Hier wirkt Vollständigkeit wertsteigernd. Umgekehrt bedingt das Fehlen von Deckeln, Tüllen, Verkleidungen usw. meist eine starke Wertminderung. Bei weniger seltenen Objekten kann dies zur völligen Wertlosigkeit führen. Demgegenüber sind extrem rare und kunsthistorisch besonders bedeutsame Stücke selbst in stark fragementiertem Zustand sammelwürdig.
**Zeitliche Nähe von Entwurf und Ausformung:** Je näher Entwurf und Ausformung beisammen liegen, umso authentischer und damit auch teurer ist dieses Objekt als Stildokument und als Kunstwerk.
**Zusatzinformationen:** Alle Arten von Zusatzinformationen – vor allem, wenn diese nicht allgemein verfügbar sind, etwa alte Werbeprospekte – erhöhen den Wert.

# Wo und wie einkaufen?

Floh- und Trödelmärkte sind in den letzten Jahren sehr beliebt geworden. Allein in Deutschland finden jeden Monat über 4.000 verschiedene Veranstaltungen statt. Diese Aufnahme mit hübschen Lloyd-Loom-Möbeln entstand in Maastricht.

### *Sperrmüll*

In jeder Stadt und jeder Gemeinde ist die Sperrmüllentsorgung anders organisiert. Häufig gibt es Stellen, wo die Bürger ihre sperrigen Teile abgeben können. Diese werden dort entweder verschenkt oder für wenig Geld verkauft. Anderswo kann der Sperrmüll an bestimmten Tagen am Straßenrand zur Abholung bereitgestellt werden.

Da gerade über den Spermüll auch gute Designobjekte entsorgt werden, lohnt es sich, bei den zuständigen Stellen nachzufragen, wie das jeweils gehandhabt wird. Auch Händler finden hier einen Teil ihre Ware.

### *Flohmarkt*

Der Begriff des Flohmarkts ist schillernd, und nicht jeder versteht darunter das Gleiche. Zunächst bedeutet Flohmarkt einen oft privat oder gemeinnützig organisierten Markt, bei dem Privatleute ihren überflüssigen Krimskrams feilbieten können. In größeren Städten finden diese Flohmärkte entweder zu bestimmten Terminen im Jahr oder sogar wöchentlich statt. Oft mischen sich unter die Privatleute auch Händler, die entsprechend vorsortierte Ware anbieten. Diese stammt häufig aus Entrümpelungen und Nachlässen.

Je nach Interessenbereich kann der Flohmarkt eine interessante und vor allem billige Einkaufsmöglichkeit sein. Man benötigt hier vor allem Ausdauer und die Bereitschaft, sich durch Unmengen von Wohlstandsmüll hindurchzuarbeiten. Das Angebot besteht überwiegend aus typischen Nutzlosigkeiten, die sich als Mitbringsel oder unerwünschte Geschenke im Lauf der Zeit angesammelt haben. Vor allem im Bereich von Haushaltswaren, Geräten usw. lassen sich aber durchaus attraktive Designstücke finden.

Der Flohmarkt hat den Vorteil, daß er den Blick schärft und den Geldbeutel schont.

### *Trödelmarkt*

Es gibt eigene Zeitschriften, die über die Termine von Tausenden von Trödelmärkten, die jedes Wochenende im deutschsprachigen Raum stattfinden, informieren.

Hier findet man gegenüber dem Flohmarkt bereits vorsortierte Ware von professionellen bzw. halbprofessionellen Anbietern, die gängige Antikwaren meist auf Klapptischen feilbieten. Neben dem üblichen historistischen Trödel und neuerer Dekoware wird hier inzwischen auch das eine oder andere Designobjekt angeboten.

### *Sammlerbörsen und Messen*

Jedes klassische Sammelgebiet hat mittlerweile seine Messen: für alte Radios oder Fotoapparate, technische Geräten, Werbung usw. Hier hat man es mit kompetenten und spezialisierten Händlern zu tun. Das Angebot ist riesig und der unbedarfte Käufer meist restlos überfordert.

Sammlerbörsen sind das Tummelfeld des Insiders, des passionierten Sammlers. Es lohnt, sich über einschlägige Termine zu informieren, wobei sich Spezialmessen zum Sammlerthema Design in Zukunft noch stärker etablieren werden.

### *Feste Ladengeschäfte des unteren und mittleren Preissegements*

Vor allem in größeren Städten gibt es bereits richtiggehende Läden, die überwiegend von Enthusiasten be-

*Designobjekte werden zunehmend in etablierten Ladengeschäften gehandelt, wie hier beispielsweise in Antwerpen.*



trieben werden. Die Händler stehen in hartem Konkurrenzkampf mit dem Flohmarkt, obwohl das, was bei ihnen angeboten wird, auf dem Flohmarkt kaum mehr zu finden ist. Die Objekte sind meist in einen gebrauchsfähigen Zustand versetzt und streng selektiert. Der Kunde wird fachkundig betreut, und die Dinge liegen preislich nicht selten deutlich niedriger als die für entsprechende Neuware.

### *Etablierte Designläden und Galerien*

Im Niveau und im Preis darüber angesiedelt sind Designgalerien, die die wirklich exklusiven Objekte vermarkten.

Neben wenigen auf Design spezialisierten Läden gibt es noch eine ganze Reihe von Kunsthändlern, bei denen Design zusammen mit Kunsthandwerk, Jugendstil und Art déco, moderner Kunst usw. angeboten wird, da die Gebiete ja nicht so eindeutig zu trennen sind.

### *Auktionshäuser*

Ein zunehmender Trend auch im Designbereich sind Auktionen. Internationale Auktionshäuser veranstalten bereits seit längerem Auktionen mit angewandter Kunst des 20. Jahrhunderts. Dabei ist es üblich, Design neben Jugendstil und Art déco zu plazieren. Doch wird der Designbereich zunehmend stärker gewichtet, ja, es gibt inzwischen eigene Auktionen mit modernem Designs.

Durch diese Auktionen verankert sich ein allgemeines Preisbewußtsein. Die Auktionskataloge dienen als Nachschlagewerke, denn oft sind hier Stücke zum erstenmal publiziert bzw. abgebildet. So übernehmen die großen internationalen Auktionshäuser heute eine wichtige Rolle bei der Vermarktung des Design.

Inzwischen gibt es aber auch auf nationaler Ebene kleine, aber engagierte Häuser, die sich hier eine Nische erobert haben.

Aber beachten Sie: Auktionshäuser haften nicht für die Angaben in ihrem Katalog. Ein seriöses Auktionshaus wird sich zwar um Korrektheit bemühen. Aber bei der Fülle zu versteigernder Objekte kann nicht immer jedem Einzelstück die notwendige Aufmerksamkeit bei der Katalogisierung gewidmet werden.

Informieren Sie sich gründlich bei der Vorbesichtigung. Mitbieten können Sie dann persönlich oder durch ein schriftliches Gebot.

### *Einkaufen im Ausland*

Design ist, wie der Kunst- und Antiquitätenmarkt überhaupt, allen Internationalisierungstendenzen der großen Auktionshäuser zum Trotz ein von regionalen und nationalen Verschiedenheiten bestimmtes Feld. Dabei sind die Preise nicht immer, aber häufig dort niedrig, wo es ein reiches Angebot gibt.

In den USA werden vor allem die nationalen Produkte wie Stühle von Eames usw. angeboten. Teilweise sind sie dort erstaunlich billig. Skandinavische Möbel finden sich natürlich am zahlreichsten und preisgünstigsten in Skandinavien. Unschlagbar billige Sessel von Lloyd Loom gibt es in England, und italienisches Design ist in Italien geballt zu finden.

Manche Länder, wie Belgien, gelten als ausgesprochener Einkaufstip, weil hier das Angebot noch groß und die Preise moderat sind. Doch mitunter dreht sich die Entwicklung um, wenn etwa, wie momentan in Italien bei Glas der 50er Jahre, die Nachfrage für bestimmte nationale Güter so steigt, daß diese wieder aus dem Ausland zurückgekauft werden.

Es ist also durchaus empfehlenswert, bei Urlaubsreisen die Touristen-Trampelpfade mit den Souvenirläden zu verlassen und sich auf die Suche nach verborgenen Designschätzen zu machen.

# Zur Bildauswahl und zu den Preisangaben im Buch

Die angegebenen Preise orientieren sich an den aktuellen Verkaufspreisen des Fachhandels. Sie beziehen sich nur bedingt auf das konkret abgebildete Objekt. Vielmehr soll damit auch der Typus, für den das abgebildete Objekt steht, bewertet werden.

Aus diesem Grund wurde immer eine Preisspanne angegeben. Diese soll, soweit möglich, der Bandbreite bezüglich Qualität, Zustand und Provenienz, in der das Objekt am Markt auftauchen kann, Rechnung tragen.

Bei der Auswahl der Abbildungen wurde Wert darauf gelegt, daß diese das Angebot des Marktes und das Interesse der Käufer repräsentativ widerspiegeln, von billig bis exorbitant teuer. Das bedeutet: Sie finden hier überwiegend Stücke, die zur Zeit oder in den letzten Jahren angeboten wurden oder noch werden: auf dem Flohmarkt, bei Händlern und Galeristen sowie im Auktionshandel.

### *Die Preise*

Preisangaben sind erfahrungsgemäß eine problematische Angelegenheit. Wenn auch die meisten der hier abgebildeten Objekte keine Unikate darstellen, sondern zum Teil sogar in hohen Stückzahlen produziert wurden, werden sie doch durch ihren jeweiligen Erhaltungszustand zum Einzelstück.

Der Markt hat sich noch nicht in allen Bereichen gefestigt und eingependelt. Daher ist das Preisgefüge stellenweise wenig transparent und relativ uneinheitlich. Das Ganze funktioniert oft schlicht und einfach nach der Methode: Der Verkäufer verlangt soviel, wie er glaubt bekommen zu können. Für den findigen Käufer ist das aber auch eine Chance.

Gleichzeitig nimmt die Zahl interessierter und informierter Sammler zu. Daher bilden sich für bestimmte Kategorien allgemein übliche Marktpreise heraus. Selbstverständlich spielt es auch eine Rolle, zu welchem Preis der Händler ein Stück selbst erwerben konnte.

Dennoch werden Sie immer wieder mit Ausreißern nach oben oder unten konfrontiert werden. So spielt der Zustand des Gegenstandes – oft in der Abbildung nicht zu erkennen – eine ganz entscheidende Rolle bei der Preisbewertung.

Daneben sind die Preise auch von individuellen und teilweise sogar irrationalen Faktoren abhängig. Etwa ob ein Händler eine teure Ladenmiete bezahlen muß und kompetentes Fachpersonal beschäftigt, ob er durch Zufall ein Stück günstig eingekauft hat und diesen Vorteil an den Kunden weitergibt, oder ob er diesen Monat unbedingt noch etwas Umsatz machen muß.

Ein Fachhändler bietet Ihnen ausgesuchte Stücke mit Gewährleistung an. Stöbern Sie selbst irgendwo auf dem Flohmarkt ein vergleichbares Objekt auf, sollten Sie deutlich weniger bezahlen.

Manchmal hängt es auch vom Verhandlungsgeschick des Käufers ab, wieviel er bezahlen muß. Die meisten Preise, die ein Händler angibt, beinhalten einen gewissen Verhandlungsspielraum …

Trotzdem haben wir uns bemüht, ein realistisches Preisgefüge zu liefern, anhand dessen Sie sich orientieren können.

### *Wiederverkauf*

Und noch eines sollten Sie beachten: Wollen Sie etwas verkaufen, erzielen Sie natürlich in den seltensten Fällen den hier im Buch genannten Preis. Der Preis, den Ihnen ein Händler bezahlt, liegt meist eher bei der Hälfte bis zwei Dritteln des hier angegebenen Marktpreises. Holen Sie aber – vor allem bei einem eventuell höherwertigen Objekt – auf jeden Fall mehrere Angebote ein!

# Bildgeber und Abbildungsnachweis

Den Bildgebern aus dem Kunsthandel, die ausgesprochen großzügig Abbildungsmaterial zur Verfügung stellten sowie uns ihre Stücke zum Fotografieren überließen und mit Informationen versorgten, gilt der besondere Dank des Autors und des Verlages:



Kunsthandel
Herbert Asenbaum
Kärntner Straße 28
A-1010 Wien
*Titelbild; Abb. S. 23, 32;*
*Abb. Nr. 5, 6, 9, 10, 13, 14, 21, 23, 31 , 33–37, 43, 53, 54, 61, 75*

Dorotheum
Auktionshaus
Dorotheergasse 17
A-1010 Wien
*Abb. Nr. 25*

Eisvogel
Alfred Ostermeier
Kunstpark Ost
Werk III/Eing. C 18/Keller
Grafinger Straße 6
81671 München
*Abb. S. 7, 34, 35; Abb. Nr. 15, 16, 18–20, 22, 47, 49, 50, 52, 59, 62–64, 72, 73, 76–78, 80–84, 89, 90, 92, 95, 96, 98, 104–109, 111, 113, 114, 122, 130, 131, 134, 135, 139, 143–145, 147, 149, 155, 163, 183, 185, 190*

Kunst- & Auktionshaus Herr
Friesenwall 35
50672 Köln
*Umschlagrückseite; Abb. S. 31;*
*Abb. Nr. 17, 46, 51, 60, 97, 100–102, 110, 112, 132, 136, 151, 162, 196*

B. Hornik
Style Deco
Kurfürstenstraße 15
80799 München
*Abb. Nr. 86, 156, 158, 161*

Peter Knopf
Auf dem Schwabinger Trödelmarkt
Neusser Straße 21
80807 München
*Abb. Nr. 87, 117, 118, 152, 154, 157, 184, 186*

Auktionshaus Lempertz
Neumarkt 3
50667 Köln
*Abb. Nr. 125*

Wolfgang F. Maurer
Galerie Objekte
Kurfürstenstraße 17
80799 München
*Abb. Nr. 11, 12, 32, 48, 56, 70, 71, 85, 91, 116, 150, 159*

Miet me, Requisitenverleih
Michael Moser
Kunstpark Ost, Werk III/Eing. C 19
Grafinger Straße 6
81671 München
*Abb. Nr. 79*

Mistinguette
Peter Föst
Ickstattstraße 3a
80469 München
*Abb. Nr. 168*

Neumeister
Münchner Kunstauktionshaus
Barer Straße 37
80799 München
*Abb. Nr. 2*

Osiris
Türkenstraße 69
80799 München
*Abb. Nr. 88, 103, 142, 148, 173*

Quittenbaum
Kunstauktionen
Hohenstaufenstraße 1
80801 München
*Frontispiz; Abb. Nr. 26, 38, 65, 67–69, 74, 94, 160, 195*

Auktionshaus
Bruun Rasmussen
Bredgade 33
DK-1260 Kopenhagen
*Abb. Nr. 27, 28, 93*

Klaus Spindler
Baaderstraße 45
80469 München
*Abb. S. 11 unten*

Wiener Kunstauktionen
Kärntner Ring 5–7
A-1010 Wien
*Abb. Nr. 1, 29, 39, 40, 126,146*

Die übrigen Abbildungen stammen aus dem Archiv des Autors.

# Design nach Gattungen

### 1 Schrank

Entwurf Josef Hoffmann (1870–1956), 1904; Hersteller Wiener Werkstätte, für das Schlafzimmer der Wohnung Fritz Wärndorfer. Grau lackiert, innen Ahorn furniert, Seiten mit drei Füllungen und schwarzem Quadratmuster.
H. 150 cm, B. 70 cm, T. 54,5 cm
**40.000,– bis 80.000,–**

*

***Möbel der Wiener Werkstätte gehören heute bereits zu den musealen Klassikern.***

Die beiden Schränke gehören noch einer Zeit an, als sich das moderne Design in hochwertiger Handarbeit ausdrückte. Obwohl beide Entwerfer dem Jugendstil zuzurechnen sind, ist die geometrische Reduktion und das Zurückdrängen der typischen geschwungenen Linien bemerkenswert. Doch bei aller formalen Zurückhaltung und Strenge verstehen es beide Künstler, den Schränken einen stark ausgeprägten Charakter und eine dekorative Anmut zu verleihen, Eigenschaften, die heute wieder auf verstärkte Wertschätzung treffen.

### 2 Schrank

Entwurf Henry van de Velde (1863–1957), Weimar, um 1908/10. Eiche, Mahagoni furniert, Messingbeschläge, innen sechs englische Schübe.
H. 171 cm, B. 97 cm, T. 50 cm
**40.000,– bis 70.000,–**

*

***Henry van de Velde fertigte seine Möbel überwiegend auf Bestellung, weshalb sie selten sind. Als englische Schübe bezeichnet man schubladenartig herausziehbare Einlegeböden.***

### 3 Schränkchen

Entwurf Pierre Chareau (1883–1950),
Frankreich, 30er Jahre.
Bergahorn, fünf Schubfächer,
ausziehbare Platte.
H. 70 cm, B. 56 cm, T. 32 cm
**25.000,– bis 40.000,–**

*

***Pierre Chareau gehört zu den französischen Meistern des Modernismus, die mit ihrer Eleganz auch dem Art déco zugerechnet werden.***

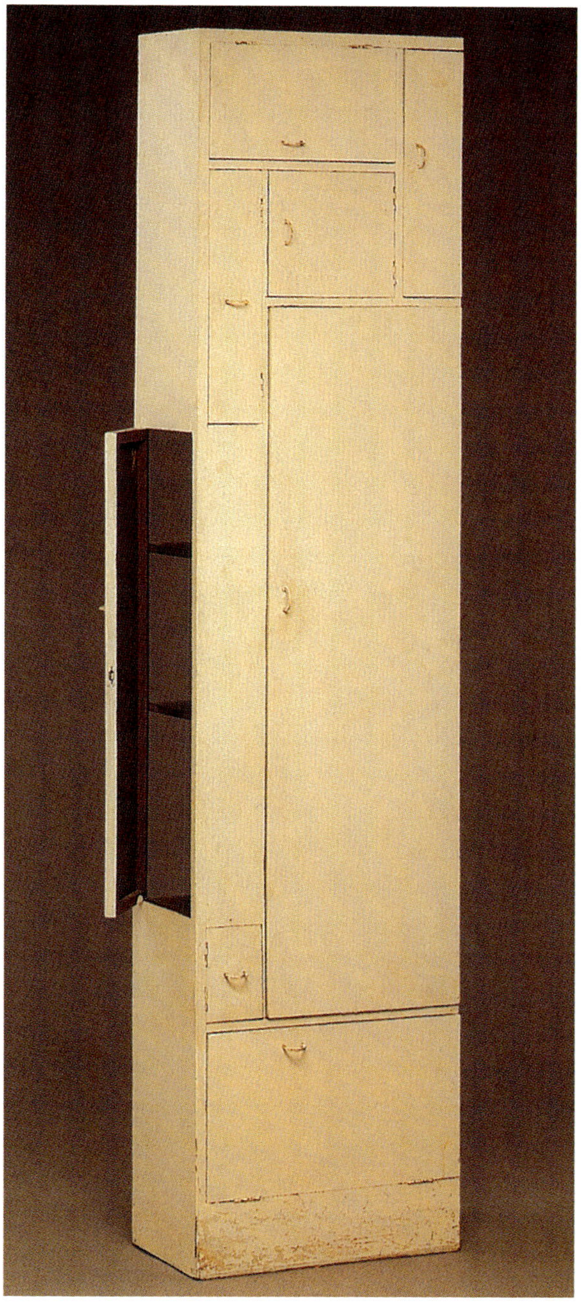

### 4 Wandschrank

Entwurf Eileen Gray (1878–1976),
Frankreich, um 1925/29.
Bemaltes Holz.
H. 219 cm, B. 54 cm, T. 26 cm
**30.000,– bis 50.000,–**

*

***Solche schlicht geschreinerten Möbel Eileen Grays sind vergleichsweise preisgünstig.***

Beiden Entwerfern ist gemeinsam, daß sie sowohl dem Art déco als auch dem modernen Design zugerechnet werden. Beide waren neben ihrer Tätigkeit als Einrichtungsentwerfer auch als Architekten tätig, denen wir »Inkunabeln« der modernen Baukunst verdanken.

Aus einem der wenigen realisierten Gebäude Eileen Grays, der Villa E-1027 bei Roquebrune, stammt dieser Schrank.

## 5 Schreibtisch »B 282«

Entwurf Bruno Weil (Béwé), Paris, 1928/29; Hersteller Gebrüder Thonet als B 282, 1930, signiert: Thonet fabriqué en Tchecoslovaquie. Verchromter Stahlrohrrahmen, Tischplatte und Schubladen aus Buche, Aluminiumgriffe.
H. 77 cm, B. 137 cm, T. 76 cm
**14.000,– bis 18.000,–**

✳

***Thonet-Stahlrohrmöbel der 20er und 30er Jahre sind sehr gesucht.***



## 6 Schreibtisch

Entwurf
Sven Markelius (1889–1972), 1930;
Hersteller Nordiska Kompaniet, Stockholm.
Orange lackiertes Buchenholz, schwarze Linoleumschreibfläche, Metallfächer.
H. 74 cm, B. 114 cm, T. 55 cm.
**10.000,– bis 14.000,–**

✳

***Markelius ist auf dem Designmarkt eher ein Außenseiter, doch gehören seine Stücke einer begehrten Zeit und Stilrichtung an.***

Der österreichische Architekt Bruno Weil war als Direkor des französischen Zweigs von Thonet unter anderem für die Umsetzung von Entwürfen Le Corbusiers, Pierre Jeannerets und Charlotte Perriands verantwortlich. Für seine eigenen Entwürfe benutzte er das Pseudonym Béwé, das nach seinen Initialen gebildet ist.

Der schwedische Architekt, Städteplaner, Möbelentwerfer und Texildesigner Sven Markelius ist ein Beleg dafür, daß der Einfluß des Funktionalismus und Le Corbusiers in den 20er Jahren bis ins schwedische Stockholm reichte. Weils Entwurf, der denen Marcel Breuers vergleichbar ist, zeigt die Stahlrohrbegeisterung auf ihrem Höhepunkt.

Der Schreibtisch von Markelius ist demgegenüber eine eigentümliche Schöpfung, abseits der damaligen Designkonventionen.

## 7 Schreibtisch

Entwurf Carlo Mollino (1905–1973),
Italien, 50er Jahre.
Holz, Bugholz, lackiertes Metall, Glas.
**200.000,– bis 300.000,–**

*

***Sehr seltenes Objekt. Carlo Mollinos exzentrische Entwürfe zählen heute zu den begehrtesten Designobjekten überhaupt.***

## 8 Schreibtisch

Entwurf Gio Ponti (1891–1979),
Italien, 50er Jahre.
Massivholz.
**10.000,– bis 15.000,–**

*

***Trotz der überragenden Bedeutung von Gio Ponti sind seine Möbel nach wie vor zu vergleichsweise maßvollen Preisen zu haben.***

Beide Schreibtische stammen aus dem Nachkriegsitalien, das innerhalb kurzer Zeit zur Design-Großmacht aufsteigen sollte. Verantwortlich dafür waren seine prominenten Architekten, zu denen auch Gio Ponti und Carlo Mollino gehören. Dauerhaften Ruhm erwarben sie sich jedoch eher durch ihr Möbeldesign als ihre Bauten.

Gio Ponti ist der große alte Mann des italienischen Designs, der eine Reihe bedeutender Möbel und Lampen kreierte. Weit exzentrischer war Carlo Mollino, den man dem Turiner Barock zurechnet, und der neben seiner Tätigkeit als Entwerfer bizarrer Schichtholzmöbel und Automobile auch als Rennfahrer und Aktfotograf hervortrat. Beiden Designern ist gemein, daß ihre Möbel oft auftragsbezogen, meist im Zusammenhang mit einem Gebäude, und nur in kleinen Serien produziert wurden.

## 9 Regaltisch »111«

Entwurf Alvar Aalto (1898 – 1976), 1935/36; Hersteller Huonekalu-ja Rakkenustyötehdas Oy, Turku, Finnland, ab 1936, vertrieben von Finmar. Gebogenes, laminiertes und lackiertes Birkenholz, lackiertes Sperrholz.
H. 55 cm, B. 83 cm, T. 30 cm
**12.000,– bis 16.000,–**

*

***Alvar Aaltos Originale der Vorkriegszeit sind in den letzten Jahren stark im Preis gestiegen.***



## 10 Regal »Mexico«

Entwurf Jean Prouvé (1901 – 1984), 1952; Hersteller Les Ateliers Jean Prouvé S. A. Nancy, Frankreich. Lackiertes Kiefernholz, Türen gelb und blau, lackierte Hartfaserplatte, schwarz und weiß lackierte Aluminiumabteile.
H. 165 cm, B. 185 cm, T. 30 cm
**32.000,– bis 38.000,–**

*

***Die Preise für Prouvé haben in den letzten Jahren stark angezogen. Sie werden angeblich von einem Händler in New York gepuscht.***

Sowohl Alvar Aalto als auch Jean Prouvé bevorzugten ein Material, dem sie jeweils ein Maximum an Stabilität und Formbarkeit abgewannen. Aalto war der Meister des Schichtholzes, Prouvé der des Blechs. Er scheute sich allerdings nicht, auch Ausflüge in andere Bereiche zu unternehmen. So versuchte sich hier Prouvé mit Holz, während Aalto aus dem geliebten laminierten Birkenholz seiner Heimat ein raffiniertes Regal kreierte. Beide arbeiteten mit der Kontrastsetzung von naturbelassenem und farbig lackiertem Holz.

## 11 Blaues Regal

Entwurf Ettore Sottsass (*1917),
Italien, 1995.
Laminiertes Holz.
Edition von 6 Stück.
H. ca. 180 cm
**20.000,– bis 30.000,–**

*

***Ettore Sottsass ist ebenso in der Design- wie in der Kunstszene beheimat.***

## 12 Stahlregal

Entwurf Ron Arad (*1951),
Großbritannien, 1992.
Bandstahl.
H. 245 cm, B. 180 cm, T. 30 cm
Edition von 12 Stück.
**22.000,– bis 23.000,–**

*

***Ron Arads Stahlregal ist sowohl ein Design- wie ein Kunstobjekt.***

Während Prouvé mit seinem Schachtelregal auf den strengen Systemgedanken der 60er und 70er Jahre vorausweist (Abb. Nr. 10), wird dieser in den Regalkreationen von Ettore Sottsass und Ron Arad bereits wieder gesprengt und zugunsten einer künstlerisch inspirierten, phantasievollen und auf den ersten Blick geradezu schockierenden Ästhetik verlassen. Dabei werden die klassischen Regeln des herkömmlichen Regalbaus, in dem Schrägen als Kunstfehler gelten, bewußt außer Kraft gesetzt. Dennoch ist unbestreitbar, daß man auch in solchen Regalen eine Menge unterbringen kann. Und eine Grundregel des Designs haben sich beide Entwerfer sehr zu Herzen genommen: Sei nicht langweilig!

## 13 Tisch »B 18«

Entwurf Marcel Breuer, 1928;
Hersteller Gebrüder Thonet,
ab 1930/31.
Verchromtes Stahlrohrgestell,
runde Glasplatte auf Gumminoppen,
Sechskantverschraubung.
H. 60 cm, D. 80 cm,
D. des Stahlrohrs 2 cm
**8.000,– bis 10.000,–**

*

***Marcel Breuers Stahlrohrmöbel von Thonet um 1930 gelten als museale Objekte.***



## 14 Tisch »Caféteria«

Entwurf Jean Prouvé (1901 – 1984),
1950 (für die Cité Universitaire des Arts et Métiers in Nancy); Hersteller
Les Ateliers Jean Prouvé S. A. Nancy,
Frankreich von 1951 – 1954, Vertrieb
Steph Simon, Paris.
Rot gestrichene Eisenbeine mit Gummiauflage, Tischplatte aus Weichholz mit grünem Linoleum, Aluminiumrahmung, Metallverschraubung.
H. 74 cm, D. 95 cm
**7.000,– bis 9.000,–**

*

***Seltener Tisch eines heute wieder hochgehandelten Designers.***

Der aus Ungarn gebürtige, am Bauhaus ausgebildete, als Stahlrohrentwerfer berühmt gewordene und schließlich als weltweit erfolgreicher Architekt in den USA ansässige Marcel Breuer gilt als der definitive Meister des gebogenen Rohrs. Beim Anblick seines Fahrrades sei ihm der Gedanke an Stahlrohrmöbel gekommen, nachdem er vorher mit Holz in einer Rietveld vergleichbaren Weise experimentiert hatte.

Prouvé dagegen hatte die konstruktiven Möglichkeiten gebogenen Blechs für sich entdeckt, die er in ebenso funktionalen und sachlichen wie spektakulären Entwürfen immer wieder aufs Neue erprobte.

### 15 Stahlrohrtisch

Unbezeichnet (wohl Mauser), Deutschland, 50er Jahre.
Stahlrohr, Metallplatten.
H. 62 cm, D. 70 cm
**400,– bis 600,–**

*

***Angesichts der fertigungstechnischen und formalen Qualität ein Schnäppchen.***

Beide Tische nutzen die ihrem Material innewohnenden Möglichkeiten auf adäquate Weise. So dient bei dem Tisch links eine einfache Stahlrohrschlaufe nicht nur als Bein, sondern auch als indirekte Verbindung der beiden Tischplatten. Dadurch entsteht der erstaunliche Effekt, daß beide in keinem direkten Kontakt miteinander stehen und so die untere, kleinere Platte unbehindert als Ablage benutzt werden kann.

Der italienische Kunststofftisch geht demgegenüber von der Grundkonzeption einer Tonne aus, bei der an einer Seite eine Öffnung ausgespart ist.

Während bei dem Tisch links alles filigran und leicht aussieht und mit starken Kontrasten gearbeitet wird, beschränkt sich der Plastiktisch auf einen Größenmaßstab und einen einzigen Formcharakter, der sowohl als Positiv- wie als Negativform zum Einsatz kommt.

### 16 Beistelltisch »Giano«

Entwurf Emma Schweinberger-Gismondi, 1966;
Hersteller Artemide, Italien.
Kunststoff.
H. 40 cm, D. 40 cm
**300,– bis 400,–**

*

***Kunststoffmöbel befinden sich gegenwärtig sehr im Aufwind.***

## 17 Servierständer

Fa. Opal, Deutschland, 30er Jahre.
Schwarz und rot lackiertes Holz, zwei Tabletts, zusammenklappbar.
H. 85,5 cm
**500,– bis 700,–**

*

***Originelles Teil mit skulpturaler Anmutung.***

Moderne Tische zeichnen sich nicht, wie die vergangener Zeiten, durch gedrechselte Beine oder massige Formen aus, sondern durch erfindungsreiche Klappmechanismen. Dabei ist es egal, ob es sich um Holz, Stahlrohr oder Kunststoff handelt. Jedem Material werden überraschende Konstruktionen abgewonnen.

Bei dem lackierten Holzgestell mit den zwei Tabletts sind diese ebenso in einer Ebene zusammenklappbar wie beim ausdrucksvoll wirkenden Stahlrohrtischchen die runde Tischplatte, so daß beide platzsparend zur Seite gestellt werden können.

## 18 Beistelltisch

Unbezeichnet (wohl Belgien), 30er Jahre.
Verchromtes Stahlrohr, Metallplatte, Holzgriff, Tischplatte klappbar.
H. 67 cm, B. 38,5 cm
**400,– bis 500,–**

*

***Seltenes, sehr schönes, nur leider anonymes Objekt.***

## 19 Teewagen

Wohl Skandinavien, um 1960.
Metallgestell, Holzplatten.
H. 89 cm, B. 54 cm, T. 55 cm
**350,– bis 450,–**

⁕

***Interessantes Stück zwischen dem organischen Stil der 50er und dem geometrischen der 60er Jahre.***

## 20 Beistelltisch

Entwurf Anna Castelli Ferrieri (⁕1920), 1967; Hersteller Kartell, Noviglio, Italien.
Kunststoff.
H. 49 cm, B. 38 cm, T. 38 cm
**150,– bis 200,–**

⁕

***Gutes Design für wenig Geld.***

Ein Stück Stahlrohr, gekonnt gebogen, zwei gleich große Sperrholzplatten und vier schwenkbare Räder sind alles, was der Entwerfer dieses eleganten Teewagens mit seiner gemäßigt modernen, die Balance zwischen metallischem Glanz und spröder Holzmaserung haltender Anmutung brauchte, um etwas Einprägsames und Originelles zu kreieren.

Gegenüber dieser skeletthaften Bauweise wirkt das fahrbare Kunststofftischchen auf Rollen trotz aller Kompaktheit der Gesamtform erstaunlich leicht.

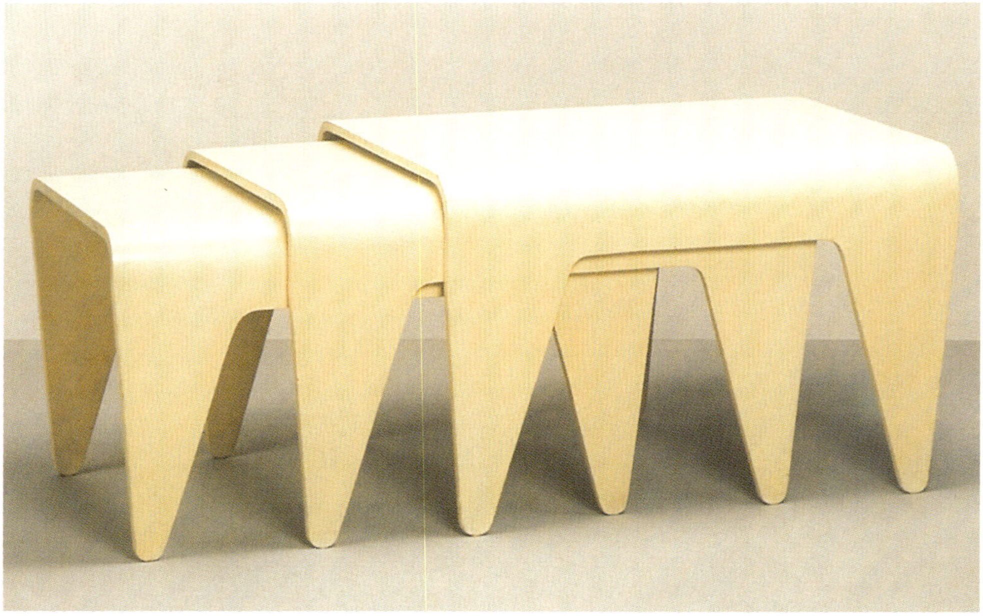

## 21 Stapelbare Tische

Entwurf Marcel Breuer (1902–1981), 1936; Hersteller Isokon Furniture Company, London, seit 1936.
Gebogenes Sperrholz, cremefarben gestrichen.
H. 38 cm, B. 61 cm, T. 46 cm
**10.000,– bis 14.000,–**

*

***Musealer Tischsatz.***

## 22 Plastiktisch »Elena«

Entwurf Vico Magistretti (*1920), um 1970; Hersteller Metra, Italien.
Schwarzer Kunststoff.
H. 27,5 cm, B. 50 cm, T. 50 cm
**100,– bis 150,–**

Beide auf ihre Art herausragenden und berühmten Beispiele von Beistelltischen sind durch den rationellen Einsatz des verwendeten Materials gekennzeichnet. Das Material und seine Verarbeitungsmöglichkeiten geben gewissermaßen die Form vor. Bei Breuer wurde Schichtholz, wie es Alvar Aalto nach dem Vorbild der Skiherstellung für die Möbelproduktion heranzog, in zwei Arbeitsschritten – Aussägen der Holzplatte und Abbiegen der Beine – so geformt, daß sich eine einfache Tischkonstruktion ergibt. Durch ihre spezifische Flachheit können die Tischchen zu einem ganzen Satz zusammengeschoben werden.

Magistretti entwickelte die Grundidee seines Tisches aus einer umgedrehten Wanne, bei der die Seitenflächen herausgeschnitten und die Ecken zur Versteifung des Kunststoffs gefaltet sind.

## 23 Tisch
## »Surf Board« ETR

Entwurf Charles Eames (1907–1978), 1951; Hersteller Herman Miller Zeeland, Michigan, USA, ab 1952.
Verchromtes Eisengestell, Platte aus Sperrholz mit schwarzer Plastikbeschichtung, geschlitzte Schrauben.
H. 25 cm, B. 175 cm, T. 57 cm
**7.000,– bis 9.000,–**

✳

***Selten schöner Tisch!***

Beide Designer gehören zu den einflußreichsten Entwerfern der 50er Jahre. Daß ihre Tische eine gewisse Wesensverwandtschaft nicht ableugnen können, liegt zum einen daran, daß sie Zeitgenossen sind und die Tische im gleichen Jahr entstanden, zum anderen, daß beide finnische Einflüsse verarbeiteten. Das mag bei einem Kalifornier überraschen, aber Eames erhielt entscheidende Anregungen am Cranbrook Institute, das von dem aus Finnland emigrierten Eliel Saarinen aufgebaut und geleitet wurde, und arbeite 1940 mit dessen Sohn bei dem Wettbewerb »Organic Design in Home Furniture« des Museum of Modern Art eng zusammen.

Beide Tische basieren auf dem geglückten Gegensatz von massiver, formal eigenständiger Platte und elegantem, filigran wirkenden Untergestell.

## 24 Tisch

Entwurf Tapio Wirkkala (1915–1985), Finnland, um 1950.
Birkenschichtholzplatte auf Metallgestell.
H. 40 cm, B. 124 cm, T. 62 cm
**8.000,– bis 12.000,–**

✳

***Wirkkala war nicht nur Designer, sondern auch anerkannter bildender Künstler.***

## 25 »Kanapé Nr. 4«

Thonet, Wien, Entwurf, um 1850;
Ausführung um 1890/1900.
Braun gebeiztes Buchenholz,
Joncbezug.
H. 97 cm, B. 143 cm
**5.000,– bis 8.000,–**

*

***Die Modelle waren wahlweise mit geflochtener oder gepolsterter Sitzfläche erhältlich.***



## 26 Sitzbank

aus einer Garnitur
(Tisch, Bank, zwei Stühle).
Entwurf Peter Behrens (1868 – 1940),
1900/01; Hersteller J. D. Heymann,
Hof-Möbelfabrik, Hamburg.
Lackiertes Pappelholz, Sitzbezug
ursprünglich grünes Leder.
H. 107 cm, B. 121 cm
**Garnitur 180.000,– bis 250.000,–**

*

***Peter Behrens war nicht nur eine Gründungsfigur des modernen Designs und der Architektur, sondern auch ein wichtiger Künstler des auf dem Markt etablierten Jugendstils.***

Thonets ebenso einfache wie ornamental geschmackvolle Sitzbank stellt eine wichtige Etappe des modernen Designs auf dem Weg zur Verschmelzung von Formskelett und Dekor dar. Relikte der traditionellen Formauffassung sind hier vor allem die kapitellartigen Enden der vorderen Beine.

Noch stärker als bei Thonet wird bei Peter Behrens das Bemühen deutlich, Sofabeine und Armlehnen organisch und in einer durchgehenden Linie zu einer formalen Einheit zu verbinden.

## 27 Sofa

Entwurf Kaare Klint (1888–1954), Dänemark, 1931.
Mahagoni, Lederbezug.
L. 146 cm
**12.000,– bis 15.000,–**

*

***Zeitlos in Form und handwerklicher Qualität.***

## 28 Sessel und Sofa »Modell 45«

Entwurf Finn Juhl (*1912), 1945; Hersteller Niels Vodder, Dänemark.
Palisander.
L. 119 cm
**3.000,– bis 4.000,–**

*

***Finn Juhl gehört zu den bekannteren dänischen Möbeldesignern.***

Kaare Klint und Finn Juhl stehen für das bedeutende, handwerklich ausgerichtete Möbeldesign Dänemarks ihrer Generation. Klints Sitzbank in Mahagoni und Leder verkörpert mit ihrem deutlichen Rückgriff auf biedermeierliche Formen die eher geometrischen Stilbestrebungen der 20er und 30er Jahre.

Dagegen repräsentiert Juhls Bank ebenso wie der dazugehörige Sessel den Wunsch nach organischer, weich gerundeter Formbildung, die nicht von ungefähr an den Jugendstil erinnert. Weisen die Leisten bei Klint meist einen rechteckigen Durchmesser auf, sind sie bei Juhl rund an- und abschwellend ausgebildet.

## 29 Schaukelsofa

Thonet, Wien, um 1880,
Produktion bis 1914.
Buchenbugholz braun gebeizt,
Lehne verstellbar.
L. ca. 170 cm
**15.000,– bis 20.000,–**

*

***Insgesamt wurden von dem Schaukelsofa, das Kenner für einen der genialsten Thonet-Entwürfe halten, nur ca. 8.000 Stück hergestellt, von denen lediglich wenige erhalten sind.***

## 30 Schaukelstuhl

Entwurf Josef Hoffmann, um 1905;
Hersteller J. & J. Kohn, Wien.
Bugholz, verstellbare Rückenlehne
und Beinauflage.
H. 115 cm, L. 112 cm, B. 72 cm
**10.000,– bis 15.000,–**

Der Schaukelstuhl der Firma Thonet stellt nicht nur ein faszinierendes Beispiel der Bugholztechnik dar, sondern er ist zugleich ein stilgeschichtlich interessantes Dokument einer Entwicklungsphase, in der Formskelett und Ornament zu einer locker gefügten Einheit zusammenfließen.

Bei Josef Hoffmanns etwa zwanzig Jahre später entstandenem Schaukelstuhl finden wir demgegenüber eine geschlossene Gesamtform, bei der Kufen und Armlehnen zu einer ovalen Eiform zusammengefaßt sind, und dessen Verstrebung die Schräge der Rückenlehne aufnimmt. Die Durchdringung der Formen ist typisch für den Wiener Jugendstil, ebenso wie die rhythmische Gliederung dieser Verstrebungen.

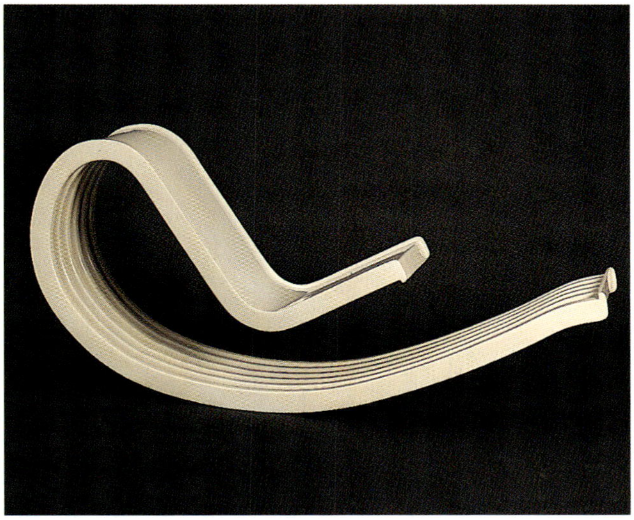

### 32 Schaukelstuhl »Dondolo«

Entwurf Cesare Leonardi (*1935)/
Franca Stagi (*1937), 1967;
Hersteller Elco, Venedig, 1967–1970.
Glasfaserverstärkter und weiß lackierter Kunststoff.
H. 75 cm, B. 40 cm, L. 174 cm
**25.000,– bis 35.000,–**

*

***Häufig abgebildetes, aber selten im Handel zu findendes Objekt des Kunststoffzeitalters.***

### 31 »Rocker Rar«

Entwurf Charles Eames (1907–1978)/
Ray Eames (1912–1988);
Hersteller Zenith Plastics, California,
Herman Miller, Zeeland, Michigan, USA, 1950/51.
Verchromtes Eisengestell, Birkenleisten, Polyester-Sitzschale.
H. 68 cm, B. 63 cm, T. 66 cm
**2.000,– bis 3.000,–**

*

***Die Standardausführung ist billiger, seltenere Farben wie rötlich oder blau sind gefragter. Vorsicht: Viele der heute angebotenen Exemplare sind erst nachträglich mit Kufen ausgestattet und somit streng genommen Fälschungen!***

Beide Schaukelstühle werden einem aus Mann und Frau bestehenden Team verdankt. Eames arbeitete zusammen mit seiner Ehefrau, und das italienische Duo betrieb ein Atelier für Architektur und Städtebau in Modena. Ihr Stuhl aus Kunststoff stellt die stilistische Weiterentwicklung der beiden Vorgänger (Abb. Nr. 29, 30) dar. Statt der relativ kleinteiligen Schlaufenführung ist hier die Gesamtform auf eine einzige Schlaufe reduziert, Kufe und Sitzfläche sind zu einer Einheitsform zusammengefaßt. Damit war stilgeschichtlich bei der Entwicklung einer strukturell ganzheitlichen Form sozusagen das »Ende der Fahnenstange« erreicht.

Eames' berühmter Schaukelstuhl stellt in gewisser Weise ein Kuriosum dar, da hier einfach die Sitzschale eines normalen Stuhls auf ein Gestell mit Kufen montiert wurde, was einerseits dem funktionalistischen Ethos entsprach, zugleich aber vor allem ein interessantes plastisches Gebilde mit schroffen Formkontrasten ergab, wie sie für die 50er Jahre typisch sind.

## 33 Aluminiumliege »313«

Entwurf Marcel Breuer (1902–1981), 1932;
Hersteller Embru-Werke-AG, Rüti, Zürich, ab 1934.
Aluminium, Buchenholzarmstützen.
H. 75 cm, B. 60 cm, L. 145 cm
**34.000,– bis 40.000,–**

*

***Marcel Breuers Liege gehört zu den berühmtesten Aluminiumobjekten überhaupt. Auf einem zeitgenössischen Werbefoto in »Wohnbedarf« ist das Alugestell mit einem relativ dünnen Polster bedeckt.***



## 34 Schichtholzliege

Entwurf Marcel Breuer (1902–1981), 1935;
Hersteller Isokon Furniture Company, London, ab 1936.
Gebogener Birkenholzrahmen, geformte Schichtholzsitzfläche.
H. 76 cm, B. 61 cm, L. 143 cm
**15.000,– bis 20.000,–**

*

***Schichtholzmöbel aus einer Zeit, als kurz zuvor Alvar Aalto diese Technik erst entwickelt hatte.***

Nach dem juristischen Desaster mit den Stahlrohrstühlen, bei dem Marcel Breuer die Rechte an seinen Entwürfen aberkannt wurden, und seinem Weggang vom Bauhaus widmete sich Breuer während der 30er Jahre in der Schweiz dem Material Aluminium und in England, angeregt durch Alvar Aalto, dem Schichtholz. Im Grunde folgen beide Liegen der gleichen formalen Grundkonzeption, wirken aber aufgrund des jeweiligen Charakters der Materialien unterschiedlich. Wo die Aluliege wie ein Vorläufer des kühlen, filigranen High-Tech der 80er Jahre erscheint, mutet die Schichtholzliege behäbig und gemütlich an. Selbstverständlich gab es für die Aluliege Polsterauflagen, die jedoch den skulpturalen Eindruck eher stören.

## 35 »Chaise Longue 2072«

Entwurf
Le Corbusier (1887–1965)/
Pierre Jeanneret (1896–1967)/
Charlotte Perriand (*1903), Paris,
1928; Hersteller Embru-Werke AG,
Rüti, Zürich, ab 1932.
Verchromter Stahlrohrrahmen,
grün gestrichenes Eisengestell.
H. 66 cm, B. 54 cm, L. 159 cm,
Durchmesser des Stahlrohrs 2,5 cm
**70.000,– bis 90.000,–**

*

***Frühe Fassung des Stahlrohrklassikers, der heute in einer Re-Edition von Cassina mit leicht veränderten Abmessungen und Rohrprofilen erhältlich ist.***

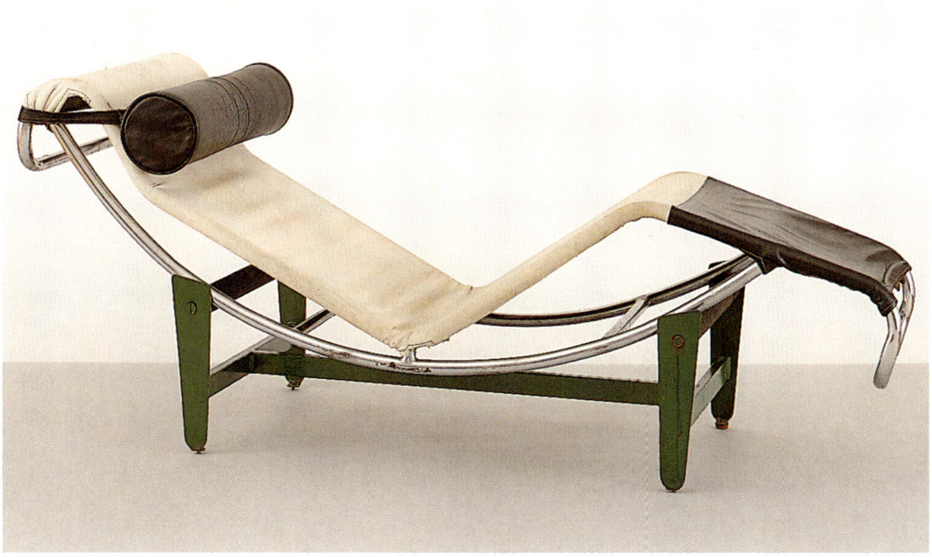

## 36 Liege und Ottomane

Entwurf Joe Colombo (1930–1971),
Mailand, 1968; Hersteller Sormani,
Italien, 1968–1971.
Zusammengesetztes System, rechteckiger Eisenrohrrahmen, gepolstert
mit Polyurethan-Schaum, Überzug
aus dehnbarem Stoff.
H. 50 cm, B. 75 cm
**5.000,– bis 7.000,–**

*

***Auch als Sessel erhältlich. Wichtig bei solchen bezogenen Möbeln ist natürlich immer der Zustand des Bezugsstoffs.***

Le Corbusiers Liege, die in Zusammenarbeit mit Charlotte Perriand entstand, deren Anteil wohl allgemein eher unterschätzt wird, gehört zu den »Inkunabeln« des modernen Möbeldesigns und wird seit den 60er Jahren in einer aktuellen Re-Edition mit leicht abgeänderten Maßen wieder produziert. Obwohl technisch völlig veraltet, stellt die Liege eine Skulptur von hoher ästhetischer Präsenz dar.

Joe Colombos Schöpfung kann in gewisser Weise als das genaue stilistische Gegenteil von dieser kühl-abstrakten Skelettkonstruktion betrachtet werden. Er eliminierte das Gestell bis auf einen am Boden aufliegenden Metallrahmen und fügte die Liege aus lauter separaten Polstern zusammen.

## 37 Stuhl

für das »Café Museum«.
Entwurf Adolf Loos (1870–1933), Wien, 1898; Hersteller J. & J. Kohn, Wien, 1898/99.
Bugholzrahmen, rot gebeizt, Geflechtsitzfläche.
H. 87 cm, B. 42,5 cm, T. 51 cm
**10.000,– bis 14.000,–**

*

***Adolf Loos war nicht nur ein bedeutender Architekt und Kunstschriftsteller, sondern auch ein Designer mit exquisitem Geschmack. Auffällig und aufwendig verarbeitet sind hier die schwellenden Bughölzer.***

Beide Stühle wurden von Kohn, der großen Konkurrenzfirma Thonets, gefertigt. Wie dies damals im noch weitgehend von handwerklicher Produktion beherrschten Möbelbereich durchaus üblich war, entstanden sie für einen konkreten architektonischen Kontext: Loos' Stuhl für das Café Museum in Wien, Pauls für das Café Kerkau in Berlin.

Im Vergleich mit der kastenartigen Strenge des Paulschen Entwurfs stellt der von Loos, dem erklärten Ornamentverächter, eine erstaunlich beschwingte ornamentale Arabeske dar, wobei dem An- und Abschwellen des Bugholzes eine besondere Wirkung abgewonnen wurde.

## 38 Stuhl

für das »Café Kerkau«.
Entwurf Bruno Paul (1874–1968), Berlin, 1910;
Hersteller J. & J. Kohn, Wien, im Auftrag der Vereinigten Werkstätten für Kunst und Handwerk, Berlin.
Bug- und Schichtholz, verschraubt und verleimt, gestempelt.
H. 104 cm, B. 42 cm
**1.500,– bis 2.000,–**

### 39 Zwei Stühle

Entwurf Josef Hoffmann (1870–1956), Wien, 1904;
Hersteller J. & J. Kohn, Wien.
Buchenholz, braun gebeizt und poliert, Sperrholz, originale braune Wachstuchbespannung.
H. 99 cm
**Zus. 20.000,– bis 30.000,–**

*

***Berühmter Stuhl für den Speisesaal im Sanatorium Purkersdorf.***

### 40 »Sitzmaschine«

Entwurf Josef Hoffmann (1870–1956), Wien, 1905;
Hersteller J. & J. Kohn, Wien.
Buchenholz mahagonifarben gebeizt und poliert, Sperrholz, Messingstange.
Sitzh. 30 cm, T. 85 cm
**20.000,– bis 30.000,–**

*

***Legendäres Möbel aus der Frühzeit des modernen Designs.***

Josef Hoffmann war nach Otto Wagner die beherrschende Figur der österreichischen Architektur- und Designszene und zugleich künstlerischer Leiter der Wiener Werkstätte. Vergleicht man die Stühle von Loos (Abb. Nr. 37) und Hoffmann (Abb. Nr. 39), ist nicht recht nachvollziehbar, warum Loos Hoffmann wegen seiner angeblich überflüssigen Ornamente so unversöhnlich kritisierte. Schließlich handelte es sich bei den in den Winkeln eingeschraubten Holzkugeln um funktional durchaus sinnvolle Stabilisatoren. Auch die runde Perforierung der Rückenlehne stellt bei aller ästhetischen Wirkung eine äußerst zurückhaltende Auflockerung des strengen Gesamtbildes dar.

Berühmt wurde die »Sitzmaschine« übrigens weniger wegen ihrer guten Funktionsweise, sondern aufgrund der einprägsamen Erscheinung.

### 41 »Rot-Blau-Stuhl«

Entwurf Gerrit Thomas Rietveld (1888–1964), 1918; Hersteller G. van de Groeneken, Amsterdam, um 1921. Holzleisten, Sperrholz, farbig lackiert. H. 87,5 cm, B. 65 cm, T. 82,5 cm

**200.000,– bis 300.000,–**

*

***Eines der berühmtesten Designobjekte überhaupt, in einer frühen Ausformung mit der originalen Lackierung.***

Beide Stühe, die heute auch als Re-Editionen auf dem Markt sind, gehören zu den berühmtesten Designobjekten des 20. Jahrhunderts. Zu ihrer Zeit galten sie als extrem avantgardistisch und stießen nur bei einem sehr eingeschränkten Kundenkreis auf Resonanz.

Stilistisch stehen sie dem Konstruktivismus nahe. Sie sind überzeugende Beispiele für die These, daß das Ornament im modernen Design die Gesamtstruktur durchdringt, so daß man beide vor allem als eine reizvolle ornamentale Stilübung betrachten kann. Die Art, wie sich hier Vierkantkuben zu einem reizvollen Spiel im Raum überlagern oder rundes Stahlrohrgestänge von flachen Stoffstreifen in verwirrender Vielfalt und doch systematischer Strenge durchdrungen wird, entspricht der Wirkungsweise von Ornamentik.

### 42 Sessel »Wassily«

Entwurf Marcel Breuer (1902–1981), 1925; Hersteller Standard (oder Thonet), 1927/28. Schwarz lackiertes Stahlrohr, Eisengarn. H. 77 cm, B. 76 cm, T. 73 cm

**50.000,– bis 80.000,–**

*

***Frühe Ausformung des legendären Designklassikers, der heute wieder als Re-Edition (ab 1.600,–) sehr erfolgreich ist.***

## 43 Armsessel »Fauteuil Visiteur«

Entwurf Jean Prouvé (1901 – 1984), 1942; Hersteller Les Ateliers Jean Prouvé S. A., Nancy, Frankreich, ab 1942.
Grün lackiertes Stahlrohr, lackiertes Eichenholz, verzinktes Eisenblech.
H. 93,5 cm, B. 68 cm, T. 95 cm
**20.000,– bis 25.000,–**

✳

***Der Preis bezieht sich auf eine Restaurierung mit originalgetreu rekonstruiertem Polster. Die Preise für Prouvé haben in den letzten fünf Jahren stark angezogen und werden in New York »gemacht«.***

## 44 Armlehnstuhl mit Fußteil »Delfino«

Entwurf Erberto Carboni, 1954; Hersteller Arflex, Limbiate, Italien.
Vergoldete Metallbeine, zeitgenössischer Bezug.
H. 85 bzw. 40 cm
**Zus. 5.000,– bis 8.000,–**

✳

***Typisches Beispiel der hohen Formkultur des italienischen Designs der 50er Jahre.***

Prouvé nahm mit seinen Metallkonstruktionen bereits die spezifische Ästhetik der 50er Jahre vorweg. Dabei verstand er sich immer als Konstrukteur.

Carboni lieferte seine Entwürfe für eine damals aufstrebende, mit Hilfe der neuen Schaumstoffpolsterung revolutionäre Möbelformen entwickelnde italienische Möbelindustrie.

Gegenüber Rietvelds und Breuers elementhaften Entwürfen sind hier die Massen stärker zusammengefaßt. Bei Prouvé angelegt und bei Carboni weiterentwickelt, ist der für den Look des 50er Jahre so typische Kontrast von weichen, voluminös schwellenden Formen und den dünnen, filigranen, meist schräg stehenden Stützen, die oft mit knubbeligen »Schuhen« versehen sind.

## 45 Sessel »Bibendum«

Entwurf Eileen Gray (1878 – 1976) für Madame Jeanne Tachard, um 1930.
Verchromtes Stahlrohrgestell, Lederbezug.
H. 73 cm, B. 90 cm, T. 83 cm
**Paar 250.000,– bis 300.000,–**

*

***Auch in ihrem eigenen Haus E. 1027 benutzte Gray diesen Sessel. Originale Möbel von Eileen Gray gehören zu den großen Seltenheiten und Kostbarkeiten.***

## 46 Sessel »Elda 1005«

Entwurf Joe Colombo (1930 – 1971), 1964; Hersteller Comfort, Meda, Mailand, 70er/80er Jahre.
Weiß lackierte Kunststoffschale, weißes abnehmbares Lederpolster, drehbar.
H. 96 cm
**6.000,– bis 8.000,–**

*

***Der Sessel wird wieder in einer Re-Edition gefertigt.***

Mit Sicherheit gehört Eileen Grays »Bibendum« zu den ganz großen Würfen des Möbeldesigns überhaupt. Trotz bzw. gerade wegen seiner frappierend einfachen Grundidee ist er von umwerfender Schönheit. Der Sessel, der heute wieder als Re-Edition erhältlich ist, wurde nur in wenigen zeitgenössischen Exemplaren hergestellt. Gray kontrastiert die breiten, behäbig wirkenden Lederwülste mit dem glatten, kalten, dünnen Stahlrohr der gleichen Form, wobei das Dünne das Dicke trägt.

Demgegenüber geht es Joe Colombo um stilistische Kontrastreduktion und formale Angleichung. Seine weißen Lederkissen verschmelzen tendenziell mit der weiß lackierten Kunststoffschale, die ihrerseits in die Sesselstütze übergeht.

## 47 Sessel »Sacco«

Entwurf Piero Gatti (*1940)/
Cesare Paolini (*1937)/
Franco Téodoro (*1939), 1968;
Hersteller Zanotta, Nova Milanese, Italien, ab 1968.
Polystyrol-Kügelchen, Nailpelle (Kunstleder).
H. 68 cm, B. 80 cm, T. 80 cm
**150,– bis 250,–**

*

***Seltene Farben wie Hellblau sind teurer. Neu kostet der »Sacco« ca. 650,–.***

## 48 Sessel »Donna«

Entwurf Gaetano Pesce (*1939), 1969;
Hersteller C & B Italia, Novedrate, Como (später: B & B Italia).
Geformter Polyurethanschaumstoff mit Überzug aus Stretchgewebe.
H. ca. 130 cm, B. 100 cm, T. 120 cm
**15.000,– bis 20.000,–**

*

***Der Preis beinhaltet eine Kugel als Fußstütze, die nicht abgebildet ist.***

Der von seinem Entwerfer als Transformationsmöbel bezeichnete Sessel »Donna« aus der Serie »Up« wurde stark zusammengepreßt und in PVC-Folie vakuumverpackt verkauft. Beim Aufreißen der Verpackung sprangen die Sessel wie bei einem Geburtsvorgang aus ihrer Hülle und richteten sich in Sekunden zu voller Größe und Fülle auf. In dieser frühen Phase der Protestbewegung der Jugend in den 60er Jahren stand man solchen technischen Spielereien mit Hilfe der Segnungen der chemischen Industrie noch positiv gegenüber. Später wandte man sich dagegen ökologischen Themen zu und bekämpfte nun die eigenen »Wegwerf«-Modeartikeln. Allerdings hat man in Italien das Müllproblem nie als so drängend empfunden wie etwa in Deutschland.

Beide Sessel zeichnen sich durch das Fehlen eines Untergestells aus.

## 49 Sessel »Butterfly«, Modell 198

Entwurf
Jorge Ferrari-Hardoy (1914–1977)/
Juan Kurchan (1913–1975)/
Antonio Bonet (1917–1975), 1938;
Hersteller Knoll, ab etwa 1947.
Verschweißtes, schwarz lackiertes Stahlrohrgestell mit Lederbespannung.
H. 86 cm, B. 82 cm, T. 75 cm
**450,– bis 500,–**

*

***Dieser Sessel war das moderne Einrichtungsobjekt der 50er Jahre und wurde von einer Vielzahl von Firmen hergestellt.***

In gewisser Weise war der »Butterfly«, der auf die ältere Idee eines zerlegbaren Jagdsessels zurückgeht, *der* Sessel der 50er Jahre und entsprach ebenso dem modernistischen Lebensstil wie dem Stilgefühl dieses Jahrzehnts. Eigentlich eine spröde und abstrakte Konstruktion, wirkte er doch gleichzeitig elegant geschwungen und anheimelnd gemütlich und erzeugte damit exakt jene zwiespältige Atmosphäre, die dem sowohl konservativen als auch modernistischen Verständnis der Geschmackselite entsprach.

Verner Pantons Sessel ist, obwohl in den 50er Jahren entstanden, bereits ein Vorbote der 60er Jahre mit ihrer systematischen Vereinheitlichung. Wo der Schmetterlingssessel windschief in alle Raumrichtungen ausschwingt, nähert sich Panton wieder dem Raster des rechten Winkels an.

## 50 Zerlegbarer Sessel

Entwurf Verner Panton (*1926), 1956;
Hersteller Fritz Hansen,
Allerød, Dänemark.
Verchromtes Stahlrohr, Wildleder.
H. 75 cm, B. 52 cm, T. 71 cm
**300,– bis 400,–**

*

***Dieser Entwurf aus den 50ern weist bereits auf Stilmerkmale der 60er Jahre voraus.***

## 51 Sessel »Libro«

Entwurf Gruppe DAM
(Designers Associati Milan), 1970;
Hersteller Gruppo Industriale Busnelli,
Meda, Mailand.
Aluminiumgestell, Segeltuch,
Vinylpolster in Schwarz und Weiß.
H. 81 cm, B. 83 cm, T. 116 cm
**12.000,– bis 15.000,–**

## 52 Großer Freischwinger-sessel

Entwurf Steen Østergaard (*1935);
Hersteller Cado, Dänemark,
nach 1970.
Kunststoff.
H. 55 cm, B. 87 cm, T. 84 cm
**1.000,– bis 1.500,–**

*

***Der Jaguar unter den Plastik-sesseln!***

Frappierend ist das Sesselobjekt »Libro«, das wie ein surreales bzw. poppiges Kunstobjekt anmutet. Durch das Blättern in diesem »Buch« lassen sich verschiedene Sitzhöhen und Neigungen der Rückenlehne erzeugen. Ein idealer Sessel zum schmökern! – Der Däne Steen Østergaard arbeitete drei Jahre bei dem Architekten und Möbeldesigner Finn Juhl (siehe Abb. Nr. 28), ehe er sich selbstständig machte. Es ist interessant zu beobachten, wie er bei seinem ebenfalls ungewöhnlichen Sessel die biomorphen Formen des dänischen Holzdesigns in das Medium Kunststoff überträgt und dabei das Freischwingerkonzept des Panton-Stuhls (siehe Abb. Nr. 78) in den Anmutungscharakter einer Sportwagenkarosserie transformiert.

## 53 Armstuhl »41 Paimio«

Entwurf Alvar Aalto (1898–1976), 1931/32; Hersteller Huonekalu-ja Rakkennustyötehdas Oy, Turku, Finnland, ab 1932.
Gebogenes Birkenschichtholz, schwarz lackiertes Sperrholz.
H. 67 cm, B. 60 cm, T. 84 cm
**25.000,– bis 30.000,–**

✳

***Die Preise für alte Schichtholzmöbel von Alvar Aalto haben in den letzten Jahren stark angezogen. Von diesem Modell gibt es einen lizensierten Nachbau für etwa 3.500,–.***

## 54 Schichtholzsessel

Entwurf Gerald Summers (1899–1967), vor 1934; Hersteller Makers of Simple Furniture Ltd., London, 1934–1940.
Gebogenes Sperrholz, lackiert.
H. 76,5 cm, B. 61 cm, T. 86,5 cm
**22.000,– bis 28.000,–**

✳

***Verblüffend einfache Idee!***

Der Euphorie für industriell vorgefertigte Materialien stellte Alvar Aalto das Konzept des Schichtholzes entgegen, mit dem bereits Thonet am Anfang seiner Karriere experimentiert hatte. Bis dato hatte man mit dieser Technik lediglich Skier produziert. – Gerald Summers war eine singuläre Erscheinung der Designszene der Vorkriegsjahre in England und nicht sehr erfolgreich. Sein Ziel war es, ausgehend von den Anregungen durch Aalto frappierend einfache Möbel zu schaffen, die – handelte es sich nicht um handwerklich anspruchsvolle Fertigung – wie ein Bastelsatz zum Selber-Ausschneiden für Kinder anmuten würden. Der Sessel ist aus einem Stück geschnitten, was für jeden Betrachter unmittelbar nachvollziehbar bleibt.

## 55 Kinderstuhl

Entwurf Charles and Ray Eames
(1907–1978/1912–1988),
USA, um 1945.
Geformtes Schichtholz.
H. 37 cm
**10.000,– bis 15.000,–**

*

***Seltener Eames-Stuhl und entsprechend teuer.***

## 56 Armstuhl »4801/5«

Entwurf Joe Colombo (1930–1971),
Mailand, 1965; Hersteller Kartell,
Noviglio, Italien, bis 1975.
Geformtes, schwarzlackiertes
Schichtholz.
H. 58,5 cm, B. 71 cm, T. 66 cm
**5.000,– bis 8.000,–**

*

***Joe Colombo war die dominierende Persönlichkeit der 60er Jahre.***



Eames entwickelte die Technik Alvar Aaltos weiter, indem er Schichtholz nicht nur in eine Richtung bog, sondern in zwei Richtungen gleichzeitig verformte. Das Konzept erscheint bei diesem Kinderstuhl vergleichbar dem Summers (Abb. Nr. 54), nämlich aus einem Stück durch bloßes Ausschneiden und Verformen ein plastisch-funktionales Gebilde zu schaffen. Dagegen benutzte Joe Colombo drei raffiniert geformte und ausgesägte Schichtholzstücke, die er ineinander steckte. Dabei entstand ein zerlegbares, simples und raffiniertes Konstrukt, das wie Eames' Schöpfung eine kindlich verspielte Ausstrahlung besitzt.

**57 Schreibtischstuhl**

Entwurf Frank Lloyd Wright (1867–1959), um 1904;
Hersteller van Doren Iron Works, Cleveland, für das Larkin Company Building, Buffalo, USA.
Lackierter Stahl.
H. 97 cm
**40.000,– bis 60.000,–**

*

***Frank Lloyd Wright gilt in den USA als eine Art Übervater der Moderne und wird entsprechend hoch bezahlt. Sein Schreibtischstuhl zeigt bei aller Eigenwilligkeit auffällige Analogien zu den Entwürfen von Josef Hoffmann bzw. dem Schotten Mackintosh.***

Die beiden amerikanischen Architekten und Möbeldesigner waren jeweils zu ihrer Zeit die beherrschenden Gestalten in ihrem Bereich. Wright ist der auch in Europa vielbeachtete Gründungsvater der modernen amerikanischen Architektur, der u. a. durch das spiralförmige Guggenheim-Museum in New York zu Weltruhm gelangte. Bezüglich der Eckigkeit der meisten seiner Möbelentwürfe, die sich vor allem in den architektonischen Kontext einfügen sollen, gestand Wright einmal, daß er sich selbst an ihnen immer blaue Flecken gestoßen habe.

Der dänische Möbeldesigner Hans J. Wegner wurde in den 50er Jahren durch eine Vielzahl hervorragend gearbeiteter Holzstühle berühmt.

**58 Schreibtischstuhl »The Chair«**

Entwurf Hans J. Wegner (*1914), 1955;
Hersteller Johannes Hansen, Kopenhagen.
Verchromtes Metallgestell, Teakholz, Leder.
H. 74 cm, B. 54 cm, T. 53 cm
**2.000,– bis 3.000,–**

*

***Interessante Variante des berühmten Stuhls, dessen Materialmix überaus modern anmutet. Die Bezeichnung »The Chair« geht auf einen Ausspruch John F. Kennedys zurück, der diesen Stuhl besonders schätzte.***

## 59 Schreibtischstuhl

Entwurf Egon Eiermann (1904–1970); Hersteller Wilde & Spieth, Esslingen. Lackiertes bzw. verchromtes Metallgestell, geformtes Schichtholz.
H. 78 cm, B. 46,5 cm, T. 46 cm
**100,– bis 150,–**

*

***Für einen Design-Klassiker im Grunde geschenkt. Die Re-Edition kostet ca. 250,–.***

Egon Eiermann orientierte sich bei seinen Entwürfen weitgehend am Vorbild von Charles Eames, das er sozusagen in sachlich-deutsche Biederheit ummünzte, wobei ihm die zurückhaltende Raffinesse des Vorbilds abgeht. Die sprechende Sachlichkeit seiner Entwürfe eignete sich besonders für den Funktionsbereich (etwa Küchen), wo sie auch in neuerer Zeit wieder zunehmend auf Gegenliebe stoßen.

Bezeichnend für die Rezeption des Funktionalismus ist, daß sich die von Eames ursprünglich als Allzweckstuhl entworfene Alu-Gruppe praktisch ausschließlich im Büro – dort aber weltweit! – durchgesetzt hat.

## 60 Armlehnstuhl »Mod. Nr. 983-149«

Entwurf Charles und Ray Eames (1907–1978/1912–1988), 1958; Hersteller Hermann Miller oder Vitra. Metallgestell, Kreuzfuß, Sitzschale mit hellgrünem Stoffbezug.
Gehört zur Alu-Gruppe.
H. 89 cm
**1.000,– bis 1.500,–**

*

***Eames-Stühle, die in sehr hohen Stückzahlen gefertig wurden, sind entsprechend günstig zu bekommen.***

## 61 Bugholzhocker

Entwurf Otto Wagner (1841–1918), 1906; Hersteller Gebrüder Thonet, für die Österreichische Postsparkasse. Bugholz, Sperrholz, Aluminiumnieten. H. 47 cm, B. 42 cm
**18.000,– bis 22.000,–**

⁕

***Otto Wagners Post-Sparkasse gehört samt ihrer Einrichtung zu den berühmten Vorläufern der Moderne.***

Otto Wagner, der bedeutende Wiener Stadtbaumeister und die Vaterfigur des Wiener Sezessionismus, verwendete hier die Thonetsche Bugholztechnik im spezifischen Charakter des Wiener Spätjugendstils, in dem das Quadrat als Funktions- und Ornamentform dominiert. Fünf Bugholzformen werden zu einem Würfel zusammengefügt, der oben eine rund perforierte und einen Griffschlitz aufweisende Sperrholzplatte trägt.

Gegenüber diesem Prinzip stellt der Stahlrohrhocker eine strukturelle Vereinheitlichung dar, weil er mit einer einzigen Stahlrohrschlaufe auskommt und dabei zwei Beine einspart.

## 62 Stahlrohrhocker

Deutschland, unbezeichnet (wohl Mauser), 50er Jahre. Stahlrohr, rotes Skai. H. 45 cm, B. 40 cm, T. 43 cm
**200,– bis 300,–**

⁕

***Die Verarbeitungsqualität dieser alten Stahlrohrobjekte ist erheblich besser als heutzutage.***

## 63 Wuschelhocker

Unbezeichnet, 50er Jahre.
Verchromtes Stahlrohrgestell,
Kunstfaserbezug.
H. 55 cm, D. 40 cm
**40,– bis 60,–**

*

***Hier gehen die Meinungen auseinander: Kitsch oder Kult?***

Die beiden Hocker sind zwar von gleicher Farbe, stilistisch liegen jedoch Welten zwischen ihnen. Der Wuschelhocker ist ein typisches Objekt des Nierentischzeitalters. Einem Eisengestell wurde dabei eine modernistisch-kuschelige, den asketischen Geist des Stahlrohrzeitalters konterkarierende Plüschanmutung übergestülpt.

Dagegen verkörpert der Dreibeiner des deutschen Designers Begge den Kunststoffboom um 1970, als es endlich gelungen war, nicht mehr nur Kinder-, sondern auch Erwachsenenstühle aus einem Stück zu fertigen. Die Formen sind auch stilistisch aus einem Guß und heben den traditionellen Gegensatz von Sitzfläche und Beinen auf, wobei in diesem Bemühen gegenüber Otto Wagners Hocker noch einmal ein bedeutender Vereinheitlichungseffekt erzielt werden konnte.

## 64 Dreibeinhocker »No 2012«

Entwurf Alexander Begge, 1972;
Hersteller wohl Casala, Italien.
Kunststoff.
H. 49 cm, B. 53 cm, T. 46 cm
**150,– bis 250,–**

*

***Ein Objekt von skulpturaler Eleganz.***

**65 Stuhl**

Entwurf Koloman Moser (1868–1918), 1902; Hersteller Korbwarenfabrik Prag-Rundiker, Wien. Dunkel gebeizte Eiche, Schnurgeflecht erneuert. H. 121 cm, B. 42,5 cm
**9.000,– bis 12.000,–**

*

***Kolo Moser gehörte zu den führenden Künstlern des Wiener Jugendstils und zu den Gründungsmitgliedern der Wiener Werkstätte.***

**66 Stuhl mit niedriger Rückenlehne**

Entwurf Charles Rennie Mackintosh (1868–1928), Glasgow, 1904. Eiche. Für den Blue Bedroom im Hill House. H. 56 cm, B. 42 cm, T. 38 cm
**80.000,– bis 100.000,–**

*

***Die Möbel von Mackintosh sind selten und genießen einen einzigartigen Kultstatus.***

Der schottische Architekt und Designer Mackintosh (siehe Abb. rechts) war für die Entwicklung des österreichischen Sezessionstils und insbesondere der Wiener Werkstätte von großer Bedeutung. 1902 hatte er Wien besucht und dort einen bleibenden Eindruck hinterlassen. Sein geometrisch stilisierter, auf quadratischen Reihungen basierender Stil wurde von Moser und vor allem Hoffmann zu einem Stilsystem ausgebaut, das für die gesamte Produktpalette der Wiener Werkstätte grundlegend werden sollte.

### 67 Stuhl

Entwurf Peter Behrens (1868 – 1940), Darmstadt, 1902.
Eiche, braun, gebeizt, poliert; Binsensitz erneuert.
H. 100 cm
**10.000,– bis 15.000,–**

*

***Jugendstil-Klassiker.***

Die beiden Beispiele zeigen zwei Generationen deutscher Entwerfer im Umfeld des Werkbundes bei ihrem Bemühen um einfache Möbelformen. Durch Einsatz von Maschinenarbeit sollten sie preiswert herzustellen und dennoch von ansprechender Erscheinung sein.

Behrens' Stuhl ist noch deutlich seine Entstehungszeit im Jugendstil, etwa in den an- und abschwellenden Beinen, anzusehen.

Dieckmann, nach Marcel Breuer der profilierteste Möbelentwerfer des Bauhauses, blieb nach dessen Umzug nach Dessau in Weimar als Leiter der Schreinerwerkstätte der Staatlichen Bauhochschule. Später lehrte er in Halle an der Kunstgewerbeschule auf Burg Giebichenstein und entwarf u. a. Möbel für Thonet.

### 68 »Typenarmlehnstuhl«

Entwurf Erich Dieckmann (1896 – 1944); Hersteller Staatliche Bauhochschule Weimar, um 1926.
Braun gebeizte Eiche, Originalbezug zerschlissen.
H. 81,5 cm, B. 53,5 cm
**2.000,– bis 2.500,–**

*

***Obwohl zerschlissen, ist der Bezug hier von hohem dokumentarischen Wert.***

## 69 Freischwinger

Entwurf Marcel Breuer (1902–1981), 1930, nach dem ursprünglichen Entwurf von Mart Stam (1899–1986), 1926; Ausführung nach 1930.
Stahlrohr vernickelt und verchromt; Eisengarnbespannung ersetzt durch Rindleder.
H. 82 cm, B. 48,5 cm
**3.000,– bis 6.000,–**

∗

***Die Preisbewertung dieses populären Klassikers ist wegen der langen Produktionszeit und der vielen Re-Editionen schwierig. Exemplare vor 1930 sind deutlich teurer.***

Beide Stühle stehen in der Tradition der von Mart Stam im Zusammenhang mit der Weißenhof-Siedlung konzipierten Freischwinger, einer Idee, die sich gewissermaßen zwangsläufig aus dem Gebrauch von Eisen ergab und im übrigen schon im 19. Jahrhundert bei Schaukelstühlen verwirklicht wurde.

Trotzdem kam es in den 30er Jahren im Zusammenhang mit dem Versuch Thonets, nach dem Bugholz- auch den zukunftsträchtigen Stahlrohrmarkt zu dominieren, zu langwierigen Copyright-Prozessen. Schließlich wurde Mart Stam zum eigentlichen Erfinder des Freischwingers erklärt.

## 70 Freischwinger-Armsessel

Entwurf Jindrich Hallaballa (1903–1978), Tschechoslowakei, 1931.
Verchromtes Stahlrohr, Bugholz, Eisengarnbespannung.
**4.000,– bis 6.000,–**

∗

***Bedeutendes Beispiel des tschechischen Modernismus. Eisengarn ist ein Gewebe aus mehrfach gezwirnten Baumwollfäden, deren Festigkeit durch Paraffinierung erhöht wird.***

## 71 Armlehnstuhl

Entwurf Gio Ponti (1891 – 1971), Italien, 1936.
Aluminium, Kunstleder.
**4.000,– bis 6.000,–**

*

***Entworfen als Inneneinrichtung des Palazzo Montecattini. Es gibt verschiedene Modelle. Das abgebildete ist eines der aufwendigeren und teureren.***

Der Mailänder Gio Ponti ist die herausragende Vaterfigur des italienischen Designs. Obwohl als Architekt ausgebildet und in diesem Beruf mit bedeutenden Werken hervorgetreten, entwarf er in den 20er Jahren für das italienische Traditionsunternehmen Richard Ginori Porzellane, war Direktor der Biennale in Monza, schuf bedeutende Lampenentwürfe und gründete 1928 die Zeitschrift »Domus«, der er viele Jahre als Herausgeber vorstand. Zusammen mit Piero Fornasetti entwarf er eine ganze Reihe von Möbeln, die für dessen graphische Phantasien den Bildhintergrund lieferten. Sein berühmtester Entwurf aber wurde der Stuhl »Superleggera« von 1957.

Beide hier abgebildeten Stühle spielen mit dem Kontrast der massiv erscheinenden Polsterung und der filigranen Linie des Stahlrohrs.

## 72 Armlehnstuhl »SM 15«

Drabert, München, 50er Jahre.
Verchromtes Stahlrohr, Polsterung mit Kunststoffüberzug, Buchenholzlehnen.
H. 87 cm, B. 58,5 cm, T. 68 cm
**250,– bis 350,–**

*

***Kein absolutes Meisterwerk, aber Entwurf und Herstellung sind gediegen.***

### 73 »Ga-Stuhl«

Entwurf Hans Bellmann, 1955;
Hersteller Domus KG, H. Schoeck, Schwaikheim.
Verchromtes Stahlrohrgestell, geformtes Schichtholz.
H. 76 cm, B. 44 cm, T. 54 cm
**450,– bis 550,–**

*

***Markantes Stildokument der 50er Jahre.***

Der Schweizer und der dänische Architekt – beide machten auch durch Möbeldesign von sich reden – schufen ihre Stühle im gleichen Jahr: 1955. Beide sind Musterbeispiele für die weiche, biomorphe, sanft gekurvte Form. Das Besondere an Bellmanns Stuhl ist seine Zweiteilung, bei Jacobsen seine verblüffend einprägsame Linienführung. Seinen Spitznamen »Keeler-Stuhl« erhielt er übrigens nach einem Foto, das das durch die sog. Profumo-Affäre bekannt gewordene englische Callgirl Christine Keeler auf diesem Stuhl sitzend zeigt. Ein anderer, ebenso berühmter Jacobsen-Stuhl ist der ählich aussehende, wegen seiner engen »Taillenschnürung« der Lehne als »Ameise« bekannt gewordene Dreibeiner.

### 74 »Keeler-Stuhl« (Serie 7, Modell 3107)

Entwurf Arne Jacobsen (1902–1971);
Hersteller Fritz Hansen, Allerød, Dänemark, ab 1955.
Geformtes Schichtholz mit originaler Rücken- und Sitzpolsterung und grauem Baumwollbezug, vernickeltes Stahlrohr mit Gummikappen.
H. 78 cm, B. 49,5 cm
**100,– bis 300,–**

*

***Sehr erfolgreicher, in Millionenauflage hergestellter Stuhl und entsprechend preisgünstig. Üblich ist die Variante nur in Schichtholz, ohne Polsterung.***

**75 »Beugelstoel«**

Entwurf Gerrit Rietveld (1888–1965), 1927; Hersteller Metz & Co, Holland, ab 1930.
Blau lackiertes Stahlrohr, geformtes Schichtholz.
H. 73 cm, B. 40 cm, T. 56 cm
**5.000,– bis 7.000,–**

*

***Die Stühle von Rietveld wurden meist auf Bestellung angefertigt. Deshalb ist hier die Provenienz und die damit verbundene Datierung für den Preis von ausschlaggebender Bedeutung.***

Gerrit Rietveld gehört zu den wenigen Schreinern, die es zu kunsthistorischem Ruhm gebracht haben. Seine schreinerischen und auch architektonischen Kreationen im Stil des De Stijl hielten immer geschickt die Balance zwischen konstruktivistischer Skulptur und Funktion.

Eiermanns Klappstuhl – von nicht minder charakteristischer und markanter Gestaltung – ist demgegenüber weit funktionaler konzipiert und wurde in der Nachkriegszeit im deutschsprachigen Raum vor allem wegen seiner praktischen Vorzüge sehr erfolgreich bei der Bestuhlung von Mehrzweckhallen eingesetzt.

**76 Klappstuhl »SE 18«**

Entwurf Egon Eiermann (1904–1970), 1952;
Hersteller Wilde & Spieth, Esslingen.
Buche, Sperrholz.
H. 79 cm, B. 54 cm, T. 47 cm
**50,– bis 150,–**

*

***Besonders günstig sind diese Stühle angeblich im Umkreis von Stuttgart bzw. Esslingen zu bekommen. Der Neupreis beträgt ca. 370,–. Stühle der Originalfertigung sind selten, entsprechend gesucht und liegen im Preis deutlich höher.***

**77 »Shell Chair«**
**»DAM Chair«**

Entwurf Charles & Ray Eames (1907–1978/1912–1988), 1948/50; Hersteller Zenith Plastics, Gardena California, USA, 1950–53, Herman Miller Zeeland, Michigan, USA, ca. 1953 bis ca. 1972.
Mit Fiberglas verstärkte Polyestersitzschale auf verchromtem Stahlrohrgestell.
H. ca. 80 cm, B. ca. 65 cm
**250,– bis 350,–**

*

***Auch als »Dining Armchair Metal« bekannt. In hohem Maße entscheidend für den Preis der Stühle von Eames ist die Art des Untergestells.***

Als Charles Eames, der übrigens meist mit seiner Ehefrau Ray zusammen arbeitete, nach langjährigen, mühsamen Experimenten den Schichtholzstuhl zur Serienreife gebracht hatte, sah er sich mit der formalen Begrenztheit des Materials konfrontiert. So versuchte er sich am Kunststoff, der den angestrebten organischen Formen besser entgegenkam. Aber erst in Verbindung mit Glasfaser erreichte man hier die notwendige Festigkeit.

Während Eames auf seine nach einem ausgeklügelten System entwickelten Untergestelle zurückgriff, kämpfte Verner Panton jahrelang mit dem Problem, einen Kunststoffstuhl aus einem Stück herzustellen, wofür erst das geeignete Material gefunden werden mußte.

**78 »Panton-Chair«**

Entwurf Verner Panton (*1926), 1959/60; Hersteller Herman Miller, USA, ab 1968.
Zunächst Glasfiberkern, kunstharzbeschichtet, ab 1968 Fiberglas und Polyester.
H. 82 cm, B. 50 cm, T. ca. 60 cm
**200,– bis 300,–**

*

***Legendärer und sehr erfolgreicher Kunststoffstuhl, der das Stilideal der 60er Jahre – die einfache, homogene Form – perfekt verwirklichte.***
***Den Panton-Stuhl gibt's inzwischen bei Vitra für ca. 600,–.***

## 79 Stuhl »Universale«, Modell 4867

Entwurf Joe Colombo (1930–1971);
Hersteller Kartell, Italien, 1967.
ABS-Kunststoff.
H. 72 cm, B. 42 cm, T. 50 cm
**250,– bis 350,–**

*

***Berühmter Kunststoffstuhl.***

Kinderstühle (wie etwa von Zanuso/Sapper aus dem Jahre 1964) spielen in der Entwicklungsgeschichte des Plastikstuhls deshalb eine Pionierrolle, weil es fertigungsbedingte Schwierigkeiten gab, große Formen in einem Stück zu gießen bzw. zu pressen. So stellte Colombos »Universale« den ersten Stuhl für Erwachsene in Spritzgußtechnik dar. Die Beine sind allerdings – man bemerkt es bei genauerem Hinsehen – anmontiert und waren in zwei verschiedenen Höhen lieferbar.

Gegenüber der eigenwilligen futuristischen Formgebung Colombos vertritt Magistretti eher einen klassisch-eleganten Modernismus, der auch fertigungstechnisch aus einem Guß ist.

## 80 Armlehnstuhl »Gaudi«

Entwurf Vico Magistretti (*1920), 1970;
Hersteller Artemide, Italien.
Kunststoff.
H. 73 cm, B. 59 cm, T. 57 cm
**400,– bis 600,–**

*

***Magistretti bewies, daß Kunststoff und Eleganz durchaus zueinander passen.***

**81 Stuhl**

Entwurf Steen Østergaard (*1935);
Hersteller Cado, Dänemark,
nach 1970.
Kunststoff.
H. 74,5 cm, B. 60 cm, T. 50 cm
**250,– bis 350,–**

Nach langen Experimenten und chemischen und technischen Entwicklungen war es Anfang der 70er Jahre endlich soweit, daß man das Prinzip des Freischwingers auch mit Kunststoff verwirklichen konnte. Dabei entstand aufgrund der spezifischen Materialeigenschaften eine eigenständige und von den Stahlrohrformen stark unterschiedene Formenwelt. Diese harmonierte jedoch mit den zeitgleichen Stilbestrebungen in auffälliger Weise, weshalb diese Objekte nicht nur materialgeschichtlich, sondern auch als Stildokumente ihren besondern Wert besitzen.

**82 Freischwinger**

Unbezeichnet, 70er Jahre.
Roter Kunststoff.
H. 58,5 cm, B. 53 cm, T. 40 cm
**200,– bis 300,–**

*

***Die Preise für Plastikmöbel steigen und werden von den großen Auktionshäusern regelrecht gepuscht.***

## 83 Kinderstuhl »Casalino 1«

Entwurf Alexander Begge, 1970;
Hersteller Casala-Werke, Löwenau.
Luran.
H. 59,5 cm, B. 42 cm, T. 43 cm
**100,– bis 150,–**

*

***Gab es in Weiß, Gelb, Orange und Rot.***

Luigi Colani studierte unter anderem Bildhauerei und Aerodynamik und ist eines der Enfants terribles der deutschen Designszene. Er hat sich der aerodynamischen Stromlinienform verschrieben, die er auf alles anwendet und dabei zwischen 50er-Jahre-Reminiszenzen und Futurismus hin und her pendelt. Sein Hocker »Zocker« zeigt deutlich eine skulpturale Vorgehensweise, die auch für Alexander Begges Entwurf entscheidend ist. Das Material Kunststoff ermöglicht hier das freie Gestalten in weich fließenden Formen. Sie muten wie eine erstarrte Gummihaut an, die über ein Gerüst mit gerundeten Kanten gezogen wurde.

## 84 Hocker »Zocker«

Entwurf Luigi Colani (*1928), 1972;
Hersteller Top System, Burkhard Lübke, Bielefeld.
Kunststoff.
H. 50 cm, B. 34,5 cm, T. 56,5 cm
**400,– bis 500,–**

*

***Colani gehört zu den populärsten deutschen Entwerfern, den man wegen seiner medienwirksamen Auftritte oft zu Unrecht belächelte.***

## 85 Tischlampe

Entwurf Edouard-Wilfrid Buquet, Frankreich, 1927.
Metall, vernickelt, Schirm manchmal aus Aluminium, Gegengewichtskonstruktion.
H. ca. 62 cm
**3.000,– bis 5.000,–**

*

***Die mehrgelenkige Tischlampe liegt bei 5.000,– bis 8.000,–, die seltene Stehlampe bei 20.000,– bis 30.000,–. Die Re-Edition von Tecta ist mit einer Niedrigvolt-Lampe und einem entsprechend veränderten Sockel ausgestattet. Es gibt aber auch sehr exakte Nachbauten, die im Handel teilweise als Originale »herumgeistern«.***

## 86 Arbeitslampe »Jieldé«

Entwurf Jean-Louis Domecq (1920–1983), Frankreich, 1951.
Metall (ursprünglich grün lackiert), vier Gelenke mit Schleifkontakten, mit Schrauben justierbar.
Reichw. 135 cm, D. 29 cm
**500,– bis 700,–**

*

***Die Lampe wird bis heute hergestellt und liegt im Neupreis unter 500,–.***

Die Stehlampe, Wandlampe und vor allem Tischlampe des Franzosen Edouard-Wilfrid Buquet sind nicht nur durch ihre ausgetüftelten Gegengewichtskonstruktionen in jede beliebige Position zu bringen, sondern gehören darüberhinaus zu den schönsten Lampenentwürfen des 20. Jahrhunderts. Sie sind ein bedeutendes Beispiel für das Konkurrieren der französischen Eleganz mit der deutschen Sachlichkeit in den 20er Jahren. – Daß auch in den 50er Jahren in Frankreich noch ebenso praktische wie berückend schöne Lampen gefertigt wurden, zeigt unser unteres Beispiel: eine robuste Arbeitsleuchte mit Griff um den Lampenschirm, die trotz ihrer Solidität auch ästhetisch überzeugt und bis heute gebaut wird.

## 87 Schreibtischlampe »The Anglepoise«

Entwurf George Carwardine (1887–1948), 1932;
Hersteller Herbert Terry & Sons, Redditch, Großbritannien.
Schwarz lackiertes Metall.
H. ca. 95 cm, Sockel L./B. 15 cm
**300,– bis 600,–**

*

***Angesichts der Bedeutung und Qualität sehr preiswert.***

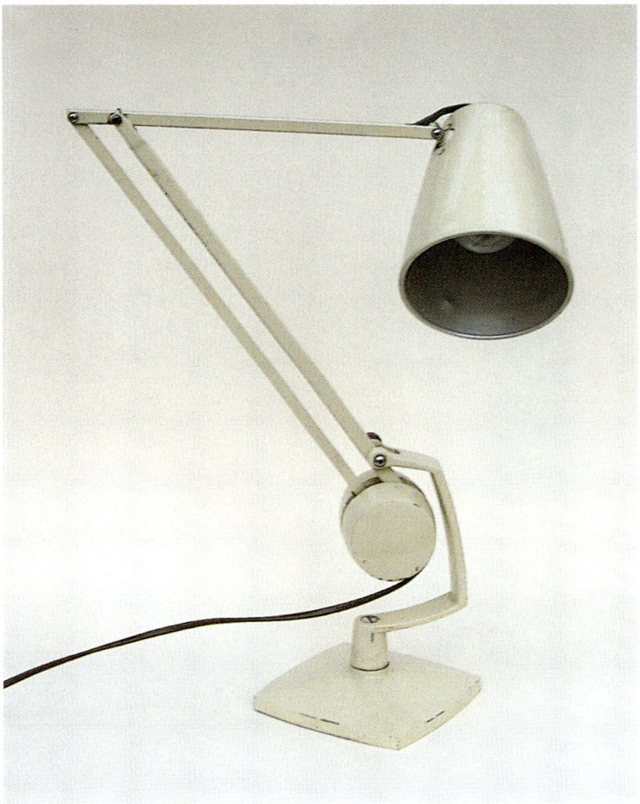



## 88 Lampe

Großbritannien, Ende 50er Jahre.
Lackiertes Metall.
H. ca. 90 cm, Sockel 15 x 15 cm
**300,– bis 500,–**

Die mit Abstand meistkopierte und einflußreichste Schreibtischlampe des 20. Jahrhunderts ist die sog. Anglepoise, was soviel wie Winkelgleichgewicht bedeutet. Ihr Erfinder, ein englischer Autoingenieur, hat sich dabei an der Funktionsweise des menschlichen Arms orientiert, wobei die Stahlfedern die Muskeln ersetzen und durch das Prinzip des Gegenzugs die Lampe grundsätzlich in jeder Position im Gleichgewicht halten. – Die ebenfalls aus England stammende Leuchte links verbindet das Prinzip des Federzugs mit dem des Gegengewichts, was auch optisch einen interessanten Effekt ergibt.

## 89 Wandleuchte

Entwurf Wilhelm Wagenfeld (1900–1990), 1955; Hersteller Lindner, Bamberg.
Opalglas, Keramiksockel.
H. 17 cm, B. 13 cm, T. 16 cm
**100,– bis 150,–**



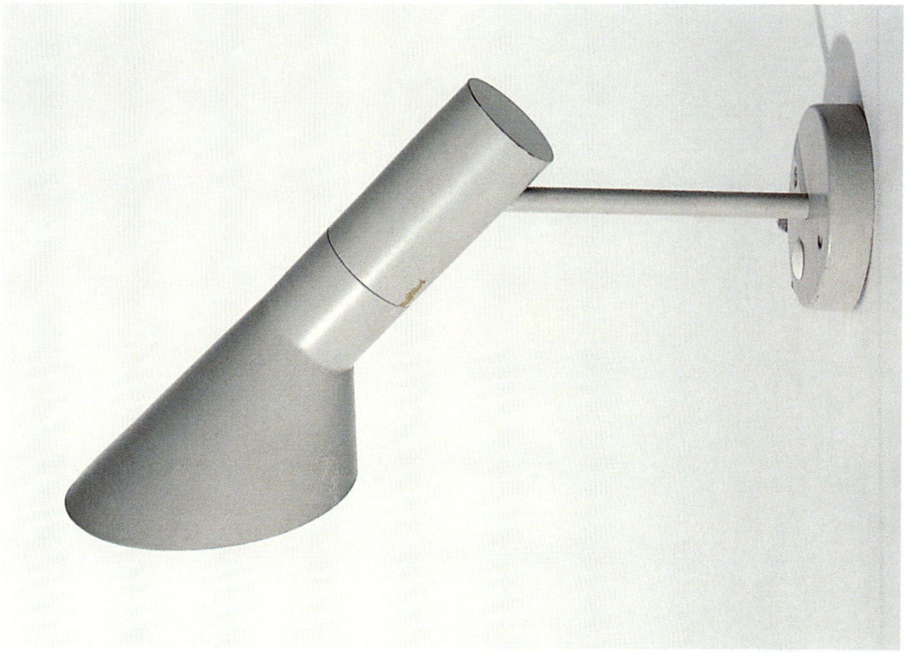

## 90 Wandleuchte

Entwurf Arne Jacobsen (1902–1971); um 1960;
Hersteller Louis Poulsen & Co., Kopenhagen.
Lackiertes Metall.
L. 24 cm
**60,– bis 100,–**

*

***Arne Jacobsens Entwürfe tauchen neuerdings oft in futuristischen Filmausstattungen auf.***

Arne Jacobsen war nicht nur ein bedeutender Architekt des dänischen Funktionalismus, sondern er schuf auch berühmt gewordene Designentwürfe für Stühle, Tische, Lampen und Armaturen. Vor allem die Lampen sind Beispiele für Jacobsens Kunst, elementare Reduktion der Form mit einer zeitlosen Schönheit und Gültigkeit zu verbinden.

Stilistisch bezeichnet die Lampe oben den abgeschlossenen Übergang der weichen Formen der 50er Jahre, für die Wagenfeld steht, in die eckigen, spröderen der 60er Jahre.

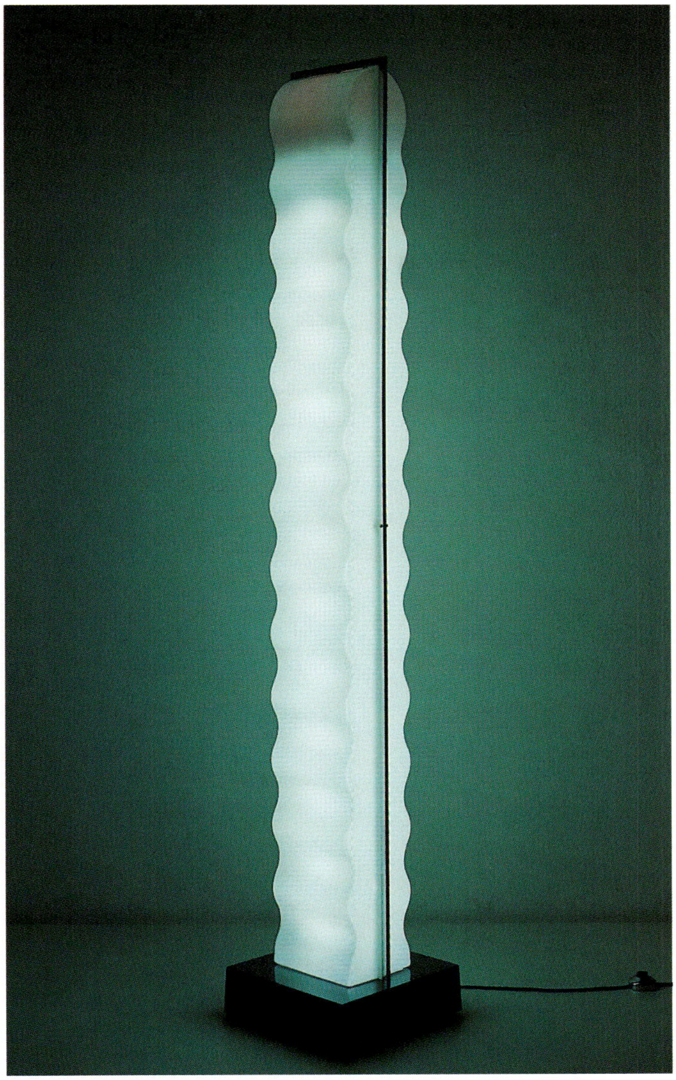

**91 Lichtstele »Cometa«**

Entwurf Ettore Sottsass (*1917), 1969;
Hersteller Poltronova, Italien.
Plexiglas.
H. ca. 200 cm
**12.000,– bis 15.000,–**

*

***Sottsass ist die beherrschende Figur des neueren italienischen Designs.***

Sottsass' Lichtsäule ist stilistisch noch als Ausläufer der kompakten Form zu bezeichnen. Allerdings deuten sich bereits Anzeichen einer additiven Elementarisierung und die Übernahmen und Anregungen »primitiver« bzw. ursprünglich-frischer Formvorstellungen an.

Dieses »Autonomiebestreben« der Einzelformen ist bei der etwa zehn Jahre später entstandenen Leuchte Lucchis bereits weiter fortgeschritten. Die einzelnen Formen sind auf elementare Formkontraste hin konzipiert und fügen sich nicht mehr in eine übergreifende Gesamtkomposition ein.

**92 Lampe »Sinerpica«**

Entwurf Michele de Lucchi (*1951), 1979; Alchimia, Italien; Hersteller Belux AG, Wohlen, Schweiz.
Verschiedenfarbig lackiertes Metall.
H. 75 cm, D. 17 cm
**1.500,– bis 2.000,–**
**Nachbau Belux unter 1.000,–**

*

***Die »Sinerpica« stammt aus der Bau.Haus Kollektion von Alchimia 1979.***

## 94 Deckenampel

Entwurf Wilhelm Wagenfeld (1900–1990); Hersteller Peill & Putzler, Düren, um 1955.
Farbloses Glas, Streifendekor in Spritztechnik, Weißblechmontierung.
H. 29 cm
**1.000,– bis 1.500,–**

*

***Wagenfeld war einer der profiliertesten deutschen Industriedesigner. Seine Entwürfe wurden in hohen Stückzahlen produziert.***



## 93 Decken- und Tischlampen

Entwurf Poul Henningsen (1894–1967), ab ca. 1925; Hersteller Louis Poulsen & Co., Kopenhagen.
PH-Lampen. Patiniertes Messing, Glas.
Tischlampe H. 51 cm
**Deckenlampen**
**5.000,– bis 8.000,–**
**Tischlampen**
**15.000,– bis 20.000,–**

*

***Die Lampen werden bis heute produziert (Tischlampe neu ca. 2.500,–): je älter desto teurer.***

Poul Henningsen verstand sich als Kämpfer für ein schönes elektrisches Licht. Stärker als andere litt er unter dessen Grellheit und Kälte, verglichen mit dem vordem gebräuchlicher Lichtquellen wie Kerzen und Öllampen, die ein viel weicheres und subtileres Licht werfen. So entwickelte er eine raffiniert reflektierende Staffelung von drei ineinander gefügten Glassegmenten, die nicht nur attraktiv aussehen, sondern vor allem ein angenehmes, indirektes Licht verströmen. Henningsens Lampen entwickelten sich zu regelrechten Klassikern und werden teilweise heute noch produziert.

Wagenfelds Lampe stellt eine stilistische Umformung des Lampenprinzips dar, das am Bauhaus etwa von Marianne Brandt in runder Form entwickelt worden war.

## 95 »Flowerpot«

Entwurf Verner Panton (* 1926), 1968;
Hersteller Louis Poulsen & Co.,
Kopenhagen.
Emailliertes Metall.
H. 13,5 cm, D. 20 cm
**60,– bis 100,–**

*

***Klassischer Entwurf der Sixties. Größere Ausführungen kosten bis 300,–.***

## 96 Deckenleuchte »Pistillo«

Studio Tetrarch, Hersteller Prod. Valenti,
Italien, um 1970.
Kunststoff.
H. 31 cm, D. 62 cm
**450,– bis 550,–**



Verner Panton galt neben Joe Colombo als der die Trends der 60er Jahre bestimmende Designer. Mit seinem nach ihm benannten Plastikstuhl war ihm die Ikone des Zeitalters geglückt (Abb. Nr. 78). Auch sein »Flowerpot« verkörpert idealtypisch den Stil dieser Tage, mit seinen künstlichen Farben und den einfachen, wie für Kinderspielzeug konzipierten, oft überdimensionierten Formen ohne Größenkontrast.

Dagegen knüpft »Pistillo« an den traditionellen Kronleuchter an, den er in eine Art synthetische Naturform verwandelt, wobei die Möglichkeiten des Kunststoffmaterials spielerisch in Szene gesetzt werden.

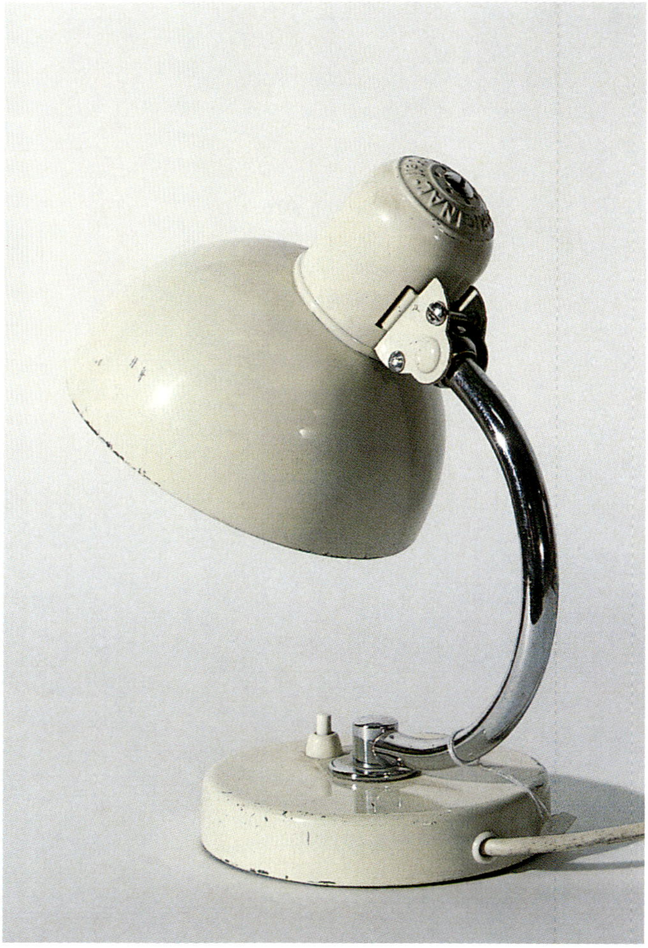



## 97 Schreibtischlampe »Kandem«

Entwurf
Marianne Brandt (1893–1983)/
Hin Bredendieck (*1904),
Bauhaus 1928; Hersteller Körting & Mathiesen, Leipzig, 30er Jahre.
Metall, schwarz lackiert, Arm und Reflektor verstellbar.
H. 39 cm
**1.000,– bis 1.500,–**

*

***Die »Kandem« war einer der erfolgreichsten Bauhausentwürfe aus der Metallwerkstätte. Es existieren ca. 20 Modelle im Preis ab 150,–.***

Dell, Brandt und Bredendieck arbeiteten gemeinsam in der Metallwerkstätte des Bauhauses. Die Bauhauslampen waren einer der erfolgreichsten Bereiche bei dessen Versuch, mit der Industrie zusammenzuarbeiten. Marianne Brandt leitete die Metallwerkstätte in der Nachfolge von Moholy-Nagy von 1928 bis 1932. Später war sie als Entwerferin und Lehrerin tätig, bis sie sich gemäß ihrer ursprünglichen Ausbildung in die Malerei zurückzog.

Der in Friesland geborene Bredendieck arbeitete seit 1927 am Bauhaus, in den 30er Jahren als Lampen- und Möbeldesigner in Oldenburg und wanderte 1937 in die USA aus, wo er als Lehrer am New Bauhaus in Chicago sowie als Entwerfer erfolgreich wirkte.

## 98 Nachttischlampe

Entwurf Christian Dell (1893–1974);
Hersteller Kaiser, Neheim-Hüsten, um 1930.
Weiß lackiertes Metall.
H. ca. 27 cm, D. Bodenplatte 14 cm,
D. Schirm 15 cm
**200,– bis 300,–**

*

***Bei den Lampen von Dell sind die gängigen Modelle häufig zu finden und deshalb moderat im Preis, während seltenere Formen mit Extras bei Sammlern gesucht und entsprechend teuer sind.***

## 99 Tischlampe »idell«

Entwurf Christian Dell (1893–1974);
Hersteller Kaiser, Neheim-Hüsten,
30er Jahre, bez. Original idell.
Metall, schwarz lackiert bzw.
verchromt, Arm und Reflektor
verstellbar.
H. 46 cm, D. 28 cm
**250,– bis 400,–**

*

***Charakteristisch ist der einseitig angebrachte Verstellhebel (siehe auch Abb. S. 34).***

## 100 Tischlampe »idell«

Entwurf Christian Dell (1893–1974);
Hersteller Kaiser, Neheim-Hüsten,
30er Jahre.
Metall, schwarz lackiert bzw. vernickelt,
Fußplatte verchromt, Bakelitgriff,
Höhe und Reflektor verstellbar.
H. 50 cm, D. 28 cm
**500,– bis 600,–**

Geradezu legendär und für die Entwicklung der Bürolampe schicksalhaft wurde die Zusammenarbeit von Christian Dell, dem Bauhausmeister, und der Lampenfabrik Kaiser in Neheim-Hüsten. Dell entwarf unter dem Namen »idell« eine große Zahl von Arbeitsleuchten für die verschiedensten Zwecke in Haushalt, Werkstatt und Büro. Schon früh wurden diese Lampen von der Firma Helo kopiert und daneben von vielen anderen, die sie teilweise abwandelten und modifizierten. Noch heute werden in verschiedenen Ländern Lampen dieser Art hergestellt. Die Firma Kaiser aber existiert seit etwa zwanzig Jahren nicht mehr.

## 101 Tischlampe »idell«

Entwurf Christian Dell (1893 – 1974); Hersteller Kaiser, Neheim-Hüsten, 30er Jahre, bez. Original idell. Verchromtes und schwarz lackiertes Metall, Reflektor schwenkbar.
H. 38 cm
**1.000,– bis 1.200,–**

*

***Dieses Modell ohne den eigenwilligen Griff ist häufiger und sehr viel günstiger.***

Schreibtischlampen werden dem Büro- bzw. Arbeitsbereich zugerechnet. Hier hatte das moderne, funktionalistische Design große Erfolge zu verzeichnen und setzte sich regelrecht normativ durch, während ihm diese Akzeptanz im Bereich der Repräsentation weitgehend verwehrt blieb. Der Arbeitsbereich sollte nach den Vorstellungen der Leute sachlich oder gar spartanisch aussehen, während man es in der guten Stube gemütlich und kuschelig haben wollte. Hier hatten nach Ansicht der meisten Menschen Stahlrohr und Industriedesign nichts zu suchen.

Der Designer Wolfgang Tümpel studierte 1922 bis 1925 am Bauhaus und unterrichtete selbst ab 1951 an der Hamburger Landeskunstschule.

## 102 Tischlampe

Variante nach einem Entwurf von Wolfgang Tümpel (1903 – 1978), 30er Jahre.
Verchromtes Metall, Leuchtarm oben biegsam, Aluminiumreflektor.
H. ca. 40 cm
**400,– bis 500,–**

*

***Erfolgreiche Entwürfe wurden damals von vielen kleinen Betrieben nachgebaut, wobei Unsicherheit über die genaue Zuordnung entstehen kann.***

**103 Schreibtischlampe**

Spanien, um 1960.
Messing, Kunststoff, schwarz lackiertes Blech.
H. ca. 40 cm, D. 38 cm
**250,– bis 350,–**

**104 Schreibtischlampe**

Spanien, um 1960, Standplatte gemarkt: fase Modelos patentados/ Madrid Espana.
Weiß lackiertes und verchromtes Metall, Holz.
H. 42 cm, D. 30 cm
**200,– bis 300,–**

Im Vergleich mit den förmlich nach Schmieröl und Werkstatt riechenden Lampen von Christian Dell aus den 30er Jahren, die teilweise auch noch nach dem Krieg produziert wurden, setzte sich Anfang der 60er Jahre ein anderes, von sphärisch gebogenen Formen und vereinheitlichtem Styling geprägtes Stilwollen durch, dem unser vergleichbares Lampenpaar zu verdanken ist. Lampenfassung und Leuchtschirm sind hier zu einer einzigen Form zusammengefaßt, die zugleich in die Auskragbewegung des Schaftes einbezogen ist. Dells Lampen erscheinen – ähnlich übrigens dem zeitgleichen Autodesign – additiv.

## 105 Tischlampe »Eclisse«

Entwurf Vico Magistretti (*1920), 1967;
Hersteller Artemide, Italien.
Lackiertes Aluminium, Plastik.
H. 18 cm, D. 12 cm
**100,– bis 200,–**

*

***Keine Frage des Geldbeutels, sondern der Kennerschaft! Es gibt auch eine größere Ausführung, die entsprechend teurer ist.***

Im Gegensatz zur ein Jahr älteren »Eclisse« setzte Vico Magistretti bei der »Telegono« Kunststoff statt Metall ein, was die Herstellung billiger macht und vom Gewicht her leichter ist. Außerdem entfällt das Lackieren. Ziel war es, durch rationelle Herstellung und preiswertes Material gutes Design auch einer wenig betuchten Käuferschicht zugänglich zu machen. Der Name »Eclisse« bezieht sich übrigens auf die Ähnlichkeit des Lampenlichts mit den Mondphasen.

## 106 Tischlampe »Telegono«

Entwurf Vico Magistretti (*1920), 1968;
Hersteller Artemide, Italien.
ABS-Kunststoff, weißes Polypropylen.
H. 40 cm, B. 27 cm
**350,– bis 450,–**

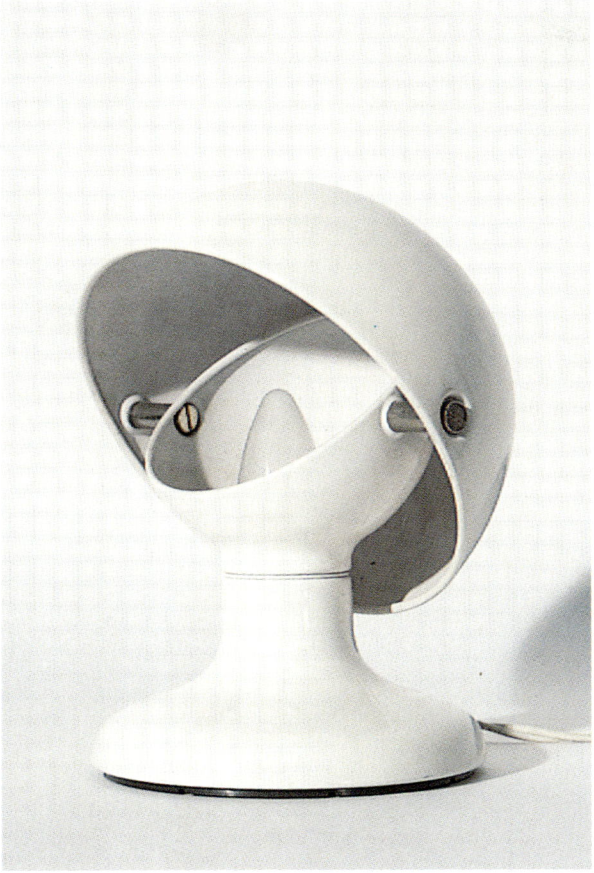

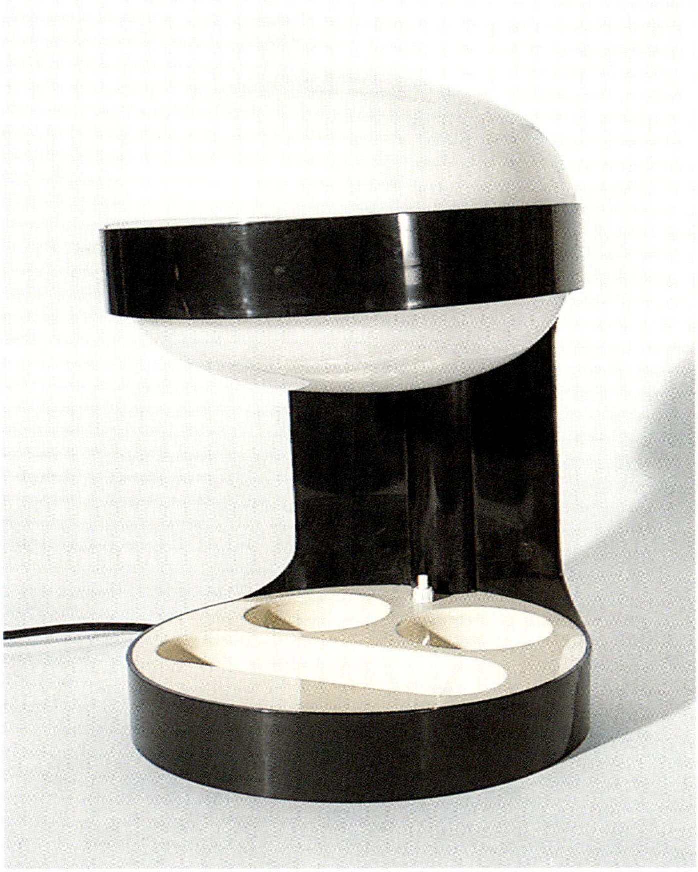



**107 Verblendlampe »Jucker«**

Entwurf Tobia Scarpa (*1935), Italien.
Metall.
H. 20 cm, D. 15 cm
**150,– bis 250,–**

Der Venezianer Tobia Scarpa war, wie sein Vater, Architekt und Designer und wie dieser eine Zeit lang für Venini in Murano tätig. Als Möbeldesigner arbeitete er u. a. zusammen mit Gio Ponti für Cassina und Knoll International. Mit etwas Phantasie erinnert die Lampe »Jucker« an einen mittelalterlichen Ritter, der sein Visier auf- und zuklappen kann.

Joe Colombo, der ursprünglich Cesare hieß, begann seine Karriere als Maler und Bildhauer, ehe er sich dem Design verschrieb. Seine Lampe ist typisch für den Stil der 60er Jahre, als alle Teile, die in anderen Zeiten klein waren – etwa Sesselbeine – groß gemacht wurden. Wollte man in den 50er Jahren zierlich und elegant sein, wirkten jetzt viele Formen so, als wären sie mit einer Luftpumpe aufgeblasen worden.

**108 Tischlampe »KD 27«**

Entwurf Joe Colombo (1930–1971), 1965/66; Hersteller Kartell, Italien.
Kunststoff.
H. 33 cm, D. 25 cm
**300,– bis 400,–**

*

***Joe Colombo steht beispielhaft für den schrägen Charme der 60er Jahre.***

## 109 Tischlampe »Nesso«

Entwurf Gruppo Architetti Urbanisti Città nuova, 1965; Hersteller Artemide, Italien.
Kunststoff.
H. 35 cm, D. 54 cm
**450,– bis 550,–**

## 110 Tischlampe »Pan-Top«

Entwurf Verner Panton (*1926), 1980.
Verchromtes und rot lackiertes Metall.
H. 40 cm
**500,– bis 600,–**

Es gab eine Zeit, in der die Farbe Orange vor allem bei Kunststoffmaterialien anscheinend geradezu obligatorisch war. Es war die Epoche der »Pril-Blumen« und einer spezifischen Farbigkeit, die sich auf abgerundeten, antifunktionalistischen Formen breit machte. Trotz der Ablehnung des Technischen liebte man alles aus Kunststoff und überhaupt das Künstliche.

Der später in der Schweiz lebende und arbeitende Verner Panton ist neben den mehr oder weniger bekannten italienischen Designern und Designergruppen der namhafteste Formgestalter dieser heute bereits nostalgisch verklärten Zeit.

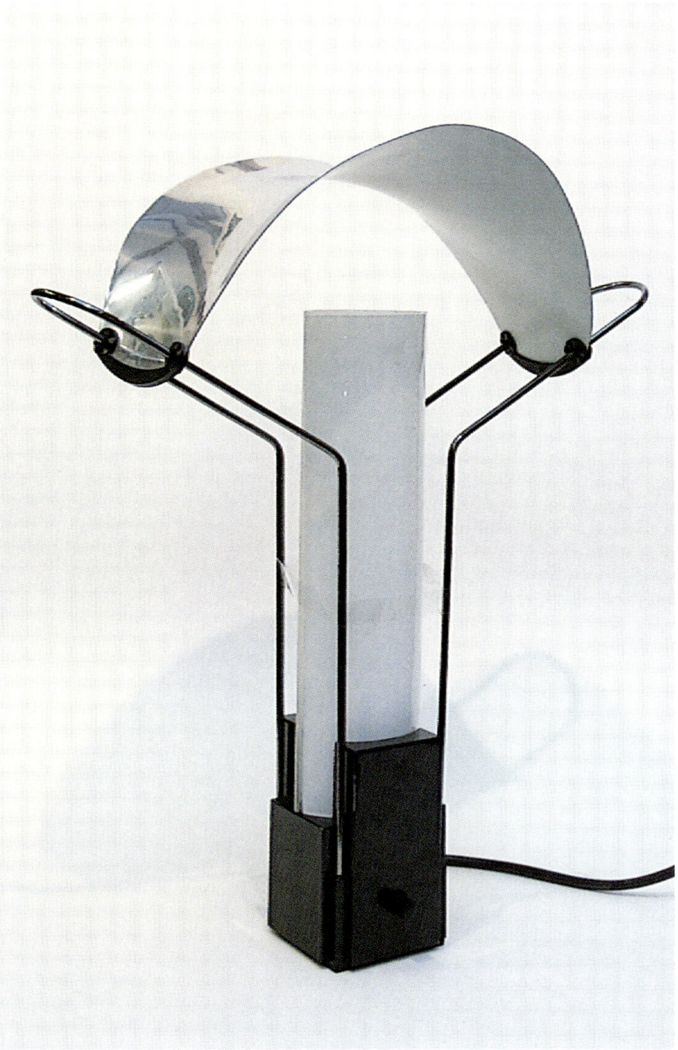



## 111 Kinderlampe

Italien, um 1970.
Blau lackiertes Metall.
H. 14,5 cm, D. 14 cm
**40,– bis 60,–**

*

***Anonymes, aber ungemein reizvolles Objekt.***

Lampen sind komplexe, material- und fertigungstechnisch hochanspruchsvolle Gebilde. Ihre Entwicklungsarbeit nimmt für Laien oft schwer nachvollziehbare Ausmaße an und zieht sich häufig über mehrere Jahre hin. Es handelt sich beileibe nicht nur darum, eine originelle formale Idee zu skizzieren, sondern sozusagen das Prinzip der Leuchte immer wieder neu zu erfinden.

Während die Flügellampe entsprechend den Maximen des High-Tech eine technisch-abstrakte Ausstrahlung aufweist, besitzt die blaue Kinderlampe einen unbezwingbaren physiognomischen Charme.

## 112 Flügellampe

Entwurf Perry A. King (*1938)/
Santiago Miranda (*1947)/
Gianluigi Arnaldi (*1938),
Italien, 80er Jahre.
Schwarz lackierter Metallguß, Chromstangen, zwei Milchglasscheiben.
H. 41 cm
**600,– bis 800,–**

*

***High-Tech-Objekt.***

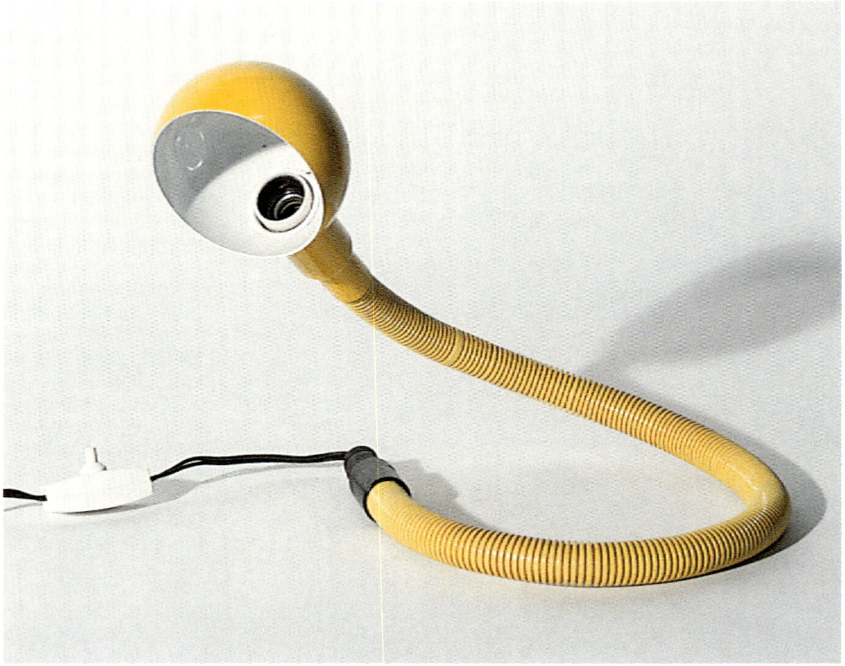

## 113 Tischlampe »Hebi«

Entwurf Isao Hosoe (*1942), 1970;
Hersteller Valenti, Italien.
Kunststoff, lackiertes Metall.
L. 80 cm, D. 8,5 cm
**50,– bis 100,–**

## 114 Chromlampe »Gulp«

Entwurf Ingo Maurer (*1932),
Deutschland, 1969.
Verchromtes Metall.
H. 23 cm, L. 45 cm
**350,– bis 450,–**

Wie viele seiner Landsleute ließ sich der japanische Designer Hosoe im gelobten Land des Designs – Italien (1965) – nieder, wo er vor allem für verschiedene Lampenfirmen arbeitete. Seine Tischleuchte »Hebi« ist ein typisches Manifest des Pop-Zeitalters, als herkömmliche Formeinteilungen außer Kraft gesetzt wurden.

Entsprechend dem Streben nach stilistischer Vereinheitlichung wurden bei »Hebi« Basis und Schaft, bei der Lampe »Gulp« Schaft und Schirm zu einer Einheit verschmolzen.

Der auf der Insel Reichenau geborene und als Graphikdesigner ausgebildete Ingo Maurer ist vor allem für seine phantasievollen Lampenkreationen bekannt.

**115 Tischlampe »La Fleur« LP 166**

Entwurf Pierre Chareau (1883–1950), Frankreich, 30er Jahre.
Metallsockel, sechs Alabasterscheiben.
H. 21 cm
**40.000,– bis 50.000,–**

*

***Chareaus Alabasterlampen gehören zu den gesuchten Klassikern des modernistischen Art déco.***

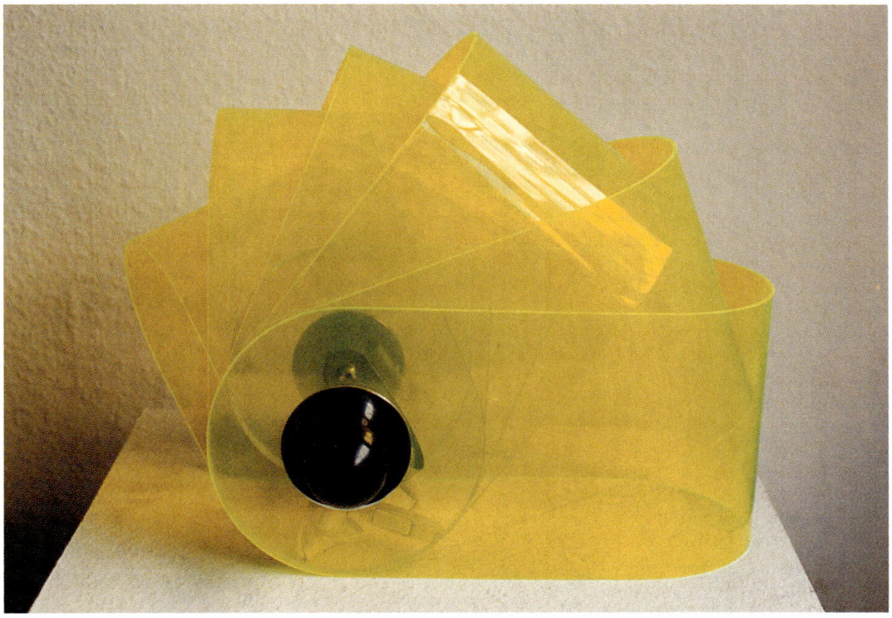



**116 Tisch- und Bodenlampe »Gherpe«**

Entwurf Superstudio (gegr. 1966), 1967; Hersteller Poltronova, Italien.
Plexiglas.
L. 62 cm
**2.500,– bis 3.000,–**

*

***Es existiert auch eine Fassung mit perforiertem Kunststoff.***

Chareau gilt als einer der profiliertesten Vertreter des französischen Modernismus und arbeitete sowohl als Architekt wie als Einrichtungsdesigner. Neben seinen dem Art déco nahestehenden Möbeln waren es vor allem die ab den 20er Jahren entstandenen originellen Alabasterlampen, die gewissermaßen zu seinem Markenzeichen wurden (siehe Abb. Nr. 3).

Ist Chareau zu den Ausläufern des Eskapismus am Anfang des 20. Jahrhunderts zu rechnen, gehört das »Superstudio« zu dessen Wegbereitern in den 60er Jahren. Es wurde 1966 in Florenz von Adolfo Natalini gegründet und inspirierte sich vor allem an der damaligen Jugendkultur, auf deren englische Popgruppen auch der Name anspielt. Die in diesen Jahren von rebellischen Designern geschaffenen stilistischen Entwürfe wurden dann mit »Memphis« 15 Jahre später in abgeklärter Form gebündelt und drangen so auch in etablierte Kreise vor.

## 117 Kaffeekanne

WMF, Württembergische Metallwarenfabrik, Geislingen, 50er Jahre.
Patiniertes Metall, Porzellan, Filz.
H. 19 cm, D. 15, 5 cm
**200,– bis 300,–**

*

***Die Alternative zu Plastik-Thermoskannen.***

## 118 Teekanne

WMF, Württembergische Metallwarenfabrik, Geislingen, und Porzellanfabrik Bauscher, Weiden, Entwurf 1932.
Versilberter Metallbehälter, Porzellan, Filz. Inhalt 0,7 l.
H. 15 cm
**250,– bis 400,–**

*

***Warmhaltekannen mit Filzeinlage sind bei jungen Leuten gerade der große Renner und werden sogar neu aufgelegt.***

Wer kennt nicht das Problem, daß Tee oder Kaffee in einer normalen Kanne schnell kalt werden und dann nur noch schal schmecken. So ersannen findige Leute Warmhaltekannen, indem sie die Porzellankannen mit einem wärmedämmenden Mantel umhüllten. Dazu benutzte man einen Metallmantel, den die Firma WMF in Geislingen fertigte. Der eigentliche Clou aber ist eine Filzschicht, die diesen Metallmantel innen auskleidet und so für den nötigen Wärmestau sorgt. Die Funktion des Kunststoffs beschränkt sich dabei noch auf die häufig farblich abgesetzten Füßchen und einen Griffknopf.

## 119 Mokkakanne

Bauscher, Weiden, Marke 1920–1948, D. R. P.
Versilberter Metallmantel, innen Filzauskleidung, Bakelitgriff und -füßchen.
H. 17 cm, D. 9 cm
**150,– bis 300,–**

*

***Ein Klassiker. Kleine Kannen sind teurer als große, gehämmerte teurer als glatte.***

Die Firma Bauscher ist einer der weltgrößten Hersteller von Hotelporzellan und konzentriert sich schon sehr lange ausschließlich auf diesen Bereich. Ihre Porzellangeschirre waren immer als robust, schlicht und einfach geformt, klassisch im Design, zweckmäßig und in allen Details durchdacht anerkannt. Bei Hotelgeschirr ist der Porzellanscherben wegen der extremen Beanspruchung dicker als sonst üblich, und alle zerbrechlichen Vorsprünge werden vermieden.

Solche porzellanernen Warmhaltekannen, deren Patent bis in die 20er Jahre zurückreicht, wurden auch noch nach dem Krieg gefertigt. Die Kaffeekanne von Thomas weist eine Porzellanmarke auf, die erst ab 1964 in Gebrauch war.

## 120 Kaffekanne

Thomas, Marktredwitz, Marke ab 1964.
Verchromter Metallmantel, innen Filzauskleidung, Kunststoffgriff.
H. 18. cm, D. 10 cm
**50,– bis 100,–**

*

***Solche Kannen aus der späten Produktion sind relativ schwer verkäuflich.***

## 121 Thermoskanne

Thermos Ltd. England, Entwurf um 1928. Mod. 65.
Weißes und schwarzes Ureum.
H. 25 cm, D. 10 cm
**50,– bis 100,–**

*

***Eine Thermoskanne von »Thermos«: klassischer Entwurf des frühen Kunststoffzeitalters.***

Der Kunststoff Ureum wurde etwa 1924 in England entwickelt. Ureum wird in Formen gegossen, Bakelit dagegen gepreßt. Nach dem Zweiten Weltkrieg ersetzte man die alten, heute bei Sammlern hochgeschätzten Kunststoffe durch neue, die meist leichter bzw. schneller zu verarbeiten oder billiger herzustellen waren.

Zunächst hatte man Kunststoffe vor allem als Ersatzstoffe traditioneller Materialien gesehen. In den 20er Jahren gelangte man dann zu einer eigenständigen, aus den Möglichkeiten des Materials entwickelten Formgestaltung. Besonders leicht tat man sich dabei mit überhaupt neuartigen Produkten wie Thermoskannen.

## 122 Flaschenhalter/-kühler

Quist, Deutschland, 70er Jahre.
Kunststoff.
H. 19 cm, D. 18 cm
**40,– bis 60,–**

Thermosflaschen gehören heute zum unverzichtbaren Teil unseres Alltags und sind auf den Flohmärkten oft der einzige Gegenstand auf dem Tisch, der – weil vom Verkäufer noch in Gebrauch – nicht verkäuflich ist. Die alten Modelle der Vorkriegszeit bestanden aus einem meist lackierten Blechmantel, der glatt oder mit senkrechten bzw. waagrechten Riefelungen und einem Schraubverschluß versehen war. Diese Schraubverschlüsse waren ab einer bestimmten Zeit aus Kunststoff und konnten gleichzeitig als Trinkbecher benutzt werden. Neben den schlanken Flaschen gab es auch breitere für warme Mahlzeiten. Der Glaskolben wurde noch relativ lange auch bei den nachdrängenden Kunststoffmodellen durch einen Korkenstöpsel verschlossen. Die Formen der Flaschen sind durch senkrechte Riefelungen aufgelockert, die die Griffigkeit unterstützen.

Heute sind statt der früher gebräuchlichen Korken Schraubverschlüsse aus Kunststoff üblich.

## 123 Thermosflaschen

50er und 60er Jahre.
Stabilotherm (gelb), Juwel (grün), Thermofix (rot) und unbezeichnet.
Kunststoff, Glas und lackiertes Blech bzw. Aluminium.
H. 19 bis 28 cm
**Je 5,– bis 20,–**

*

***Heute noch Flohmarktware.***

## 124 Teekanne

Entwurf Christopher Dresser (1834–1904), 1879;
Hersteller James Dixon & Sons, London, signiert,
Herstellermarke und numeriert 2275.
Electroplated (versilbert), schwarz gebeizter Griff.
H. 12 cm, D. 12 cm
**200.000,– bis 300.000,–**

*

***Dresser ist der Pionier des modernen Designs.***

## 125 Tee-Extrakt-Kännchen



Entwurf Marianne Brandt (1893–1983), Bauhaus, Weimar, 1924.
Versilbertes Tombak.
H. 7,5 cm
**300.000,– bis 400.000,–**

*

***Das Kännchen wurde 1927 für 70 Reichsmark verkauft. Weltweit sind heute nur noch vier Exemplare bekannt. Unser Exemplar stieg kürzlich auf einer Auktion von einem Schätzpreis von 160.000,– auf den Rekordpreis von 341.000,– und gelangte ins Historical Design Museum in New York.***

Dresser war im Grunde der erste hauptberufliche Designer. Bereits 1876 hatte er Japan bereist, und das handwerkliche Ethos japanischer Objekte beeinflußte ihn stark.

Marianne Brandts Kanne stellt noch stärker als Dressers Teekanne eine Reduktion auf geometrische Elemente dar. Die ästhetisch wirkungsvolle Asymmetrie des Deckels ergibt sich aus dem Bestreben, das Überlaufen der Flüssigkeit beim Ausgießen zu vermeiden. Der hölzerne Griff in Form eines Halbkreises enthüllt die Problematik des »Modernismus« schlaglichtartig. Im Grunde ist dieser Henkel eher schwer zu halten, fügt sich aber stilistisch hervorragend in das auf geometrische Grundformen reduzierte Formsystem. Von Funktionalismus zu sprechen, wäre hier paradox.

Beide Kannen, die zu den grundlegenden Objekten des modernen Designs gehören, sind heute nur noch in zwei bzw. vier erhaltenen Fassungen bekannt.

## 126 Tafelaufsatz

Entwurf Josef Hoffmann (1870–1956), Wiener Werkstätte, um 1928, signiert Wiener Werkstätte, Rosenmarke und Künstlerinitialen. Messing getrieben und poliert.
H. 8 cm
**8.000,– bis 10.000,–**

*

***Die meisten Produkte der Wiener Werkstätte sind gesucht und werden hoch bezahlt.***



## 127 Silberschale

Entwurf Henning Koppel (1918–1981), 1950; Hersteller Georg Jensen, Kopenhagen. 980er Silber.
B. 40 cm
**40.000,– bis 60.000,–**

*

***Henning Koppel gilt als profiliertester Silberschmied der 50er Jahre.***

Obwohl es sich bei beiden Objekten um handwerklich geformte Stücke handelt, sind sie stilistisch doch eindeutig dem modernen Design zuzuordnen. Ihr formaler Reiz ergibt sich aus der Anordnung und Ausprägung der einzelnen Formkomponenten, die einerseits kontrastieren, andererseits stilistisch harmonieren. Während Hoffmann eine strenge Konzentrik wählt, erweist sich Koppel auch hier als Meister der asymmetrischen, freien, wie eine vereinheitlichte Fassung des Jugendstils anmutenden Form.

Wichtig für die Wirkung solch einfacher Entwürfe ist neben der Präzision der Form vor allem die Wahl des passenden Materials und seine adäquate Oberflächenbearbeitung. Bei beiden wurde auf demonstrative Spuren der Handarbeit verzichtet.

**128 Kaffekanne »Form 1382«**

Entwurf (Form) Hermann Gretsch (1895–1950), 1931; Hersteller Porzellanfabrik Arzberg, grüne Unterglasur-Signatur, Kursivschrift (1930–1947).
Porzellan.
H. 16,5 cm, D. 11 cm
**20,– bis 40,–**

✳

***Der Sammlerwert ist um so höher, je näher die Ausformung beim Entwurfsjahr liegt.***



**129 Teekanne »Form 2000«**

Entwurf (Form) Heinrich Löffelhardt (1901–1979), 1954; Hersteller Porzellanfabrik Arzberg, grüne Unterglasur-Signatur, Kursivschrift (1947–1970).
Porzellan mit roten Dekorlinien.
H. 14 cm, D. 13,5 cm
**30,– bis 40,–**

✳

***Nicht zu verwechseln mit der »Form 2000« von Rosenthal (Abb. Nr. 130)!***

Der einfache, lapidare Entwurf der »Form 1382« von Hermann Gretsch aus dem Jahre 1931 sollte sich als eine der erfolgreichsten Porzellankreationen überhaupt erweisen und wird bis heute produziert. In bezug auf die Feinheit des Scherbens und die Perfektion der Ausformung konnte und wollte dieses Service nicht mit Trude Petris Form »Urbino« bei KPM konkurrieren, die sehr viel teurer war und ist. Gretsch, der bedeutende Porzellangestalter, entwickelte während seiner Schaffenszeit eine Vielzahl von Formen für Arzberg. Phasenweise bestritten seine Entwürfe über 90 Prozent der Gesamtproduktion.

Nach dem Krieg wurde Heinrich Löffelhardt sein würdiger Nachfolger. Er konnte das hohe gestalterische Niveau der Firma Arzberg halten, deren besondere Stärke vor allem in der japanisch beeinflußten, einfachen, eleganten Form des weißen Scherbens liegt und am besten ohne Dekor wirkt.

**130 Kaffeeservice »Form 2000«**

Entwurf (Form) Richard Latham (*1920) im Büro Raymond Loewy (1898–1986) 1952–1954; Hersteller Rosenthal, Selb, bis 1978.
Porzellan mit grauem Liniendekor.
Kanne 19,5 cm, D. 13 cm
**Komplett 6 Gedecke**
**450,– bis 550,–**

*

***1984 bis 1990 wurde das Service unter der Firmenmarke »Classic Rose« von Rosenthal wieder neu aufgelegt.***

**131 Kaffeegeschirr »Form 2025«**

Entwurf (Form) Heinrich Löffelhardt (1901–1979), 1957; Hersteller Porzellanfabrik Arzberg.
Porzellan mit grauem Schraffurdekor.
Kanne H. 24 cm, D. 9 cm
Kuchenteller D. 19 cm
Tasse H. 6,5, D. 8 cm
**350,– bis 450,–**

*

***Im Gegensatz zu früher werden heute kleinere Kaffeekannen bevorzugt.***

Trotz der führenden Position deutscher Porzellangestalter gelang Rosenthal mit der Verpflichtung des ursprünglich aus Frankreich stammenden amerikanischen Stardesigners Raymond Loewy ein Hit. Die »Form 2000« mit ihrer markanten Eieruhr-Taille wurde ein großer Verkaufserfolg und wirkte auf Jahre hinaus stilbildend.

Interessant ist, daß beim Porzellan die Entwürfe für Form und Dekor meist von verschiedenen Entwerfern stammen. Oft sind die Formgestalter über die Dekore nicht besonders erbaut und finden, daß ihre Formen undekoriert besser zur Wirkung kommen.

Löffelhardts »Form 2025« für Arzberg zeigt den biomorph geschwungenen Stil der 50er Jahre mit seiner schlanken, eleganten Linienführung, für die der lang ausgezogene Knauf besonders typisch ist.

### 132 Kaffekanne und zwei Gedecke

Entwurf (Form) Otto Lindig (1895–1966), wohl 30er Jahre; Hersteller Liebfriede Bernsteil, Arzberg, Werkstattmarke, Künstlermarke, 70er Jahre.
Keramik mit brauner und beigefarbener Überlaufglasur.
H. 20 bzw. 6,5 cm,
D. 15 bzw. 18 cm
**1.200,– bis 1.500,–**

*

***Späte Ausformung eines bedeutenden Entwurfs.***



### 133 Kanne

60er Jahre, Limburg, bez. Echt Domkeramik.
Steingut mit rosa Glasur.
H. 12 cm, D. 12 cm
**20,– bis 30,–**

*

***Formschönes Serienprodukt.***

Otto Lindig zählt zu den bedeutendsten vom Bauhaus geprägten Keramikern und hat dessen Keramikstil entscheidend mitgestaltet. Vor allem war er an der Entwicklung vervielfältigbarer Entwürfe für die Massenproduktion interessiert. Später entwarf er u. a. für die Staatliche Majolikamanufaktur Karlsruhe. Lindig übertrug den formalen Ansatz des Bauhauses, geometrische Formen zu einer Gesamtform zusammenzufügen, auf die Möglichkeiten der Keramik. Dabei ging es ihm weniger um anschmiegsame Eleganz als vielmehr um die Klarheit der Form.

Dieses Bemühen läßt auch der Steingutkrug der Limburger Domkeramik spüren, bei dem der eckig auslaufende Henkel die Spitze des Schnabels aufnimmt und spiegelt.

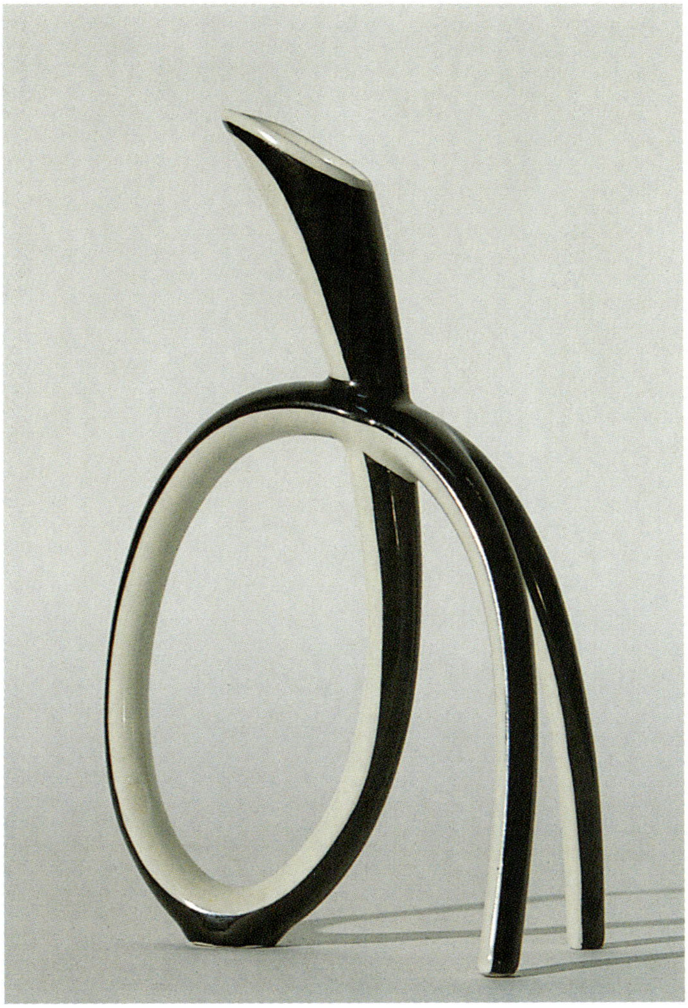



## 134 Vase

Entwurf Fritz Heidenreich, 50er Jahre;
Hersteller Rosenthal, Selb.
Porzellan.
H. 21,5 cm
**250,– bis 350,–**

*

***Eigenwillige und zeittypische Formen bescheren Rosenthal eine treue Sammlergemeinde.***

Beide Vasen bestätigen die These, daß es sich zumindest bei einem Teil des modernen Designs weniger um funktionelle Maschinenkunst als vielmehr um ein die Gesamtform prägendes Ornament handelt.

In typischen, weich fließenden Linien der 50er Jahre spielen beide Vasen das Motiv des geteilten Gefäßkörpers durch, wobei diese Teilung im einen Fall den Fuß, im anderen die obere Öffnung der Vase betrifft.

Neben ihrer unbestreitbaren dekorativen Wirkung faszinieren beide Objekte auch durch das Rätsel ihrer Herstellung, die bei aller Einfachheit der Linie ziemlich schwierig ist und verblüffend wirkt.

## 135 Vase

Entwurf Ludwig Linder, 50er Jahre;
Hersteller Lindner.
Porzellan.
H. 19,5 cm
**250,– bis 350,–**

*

***Eine nicht besonders funktionale, dafür aber extravagante Kreation.***

## 136 Vase »Halle«

Entwurf Marguerite Friedländer (1896–1985) 1930; Hersteller KPM (Königliche Porzellanmanufaktur), Berlin, Blaue Zeptermarke mit Marke Burg Giebichenstein.
Porzellan, seladonfarbener Unterglasurdekor.
H. 20 cm
**1.000,– bis 1.500,–**

✻

***Bereits in den 30er Jahren arbeitete KPM mit der Kunstgewerbeschule Burg Giebichenstein bei Halle zusammen, wobei auch legendäre Entwürfe wie Trude Petris »Urbino« entstanden.***

Marguerite Friedländer gehörte zu den Studenten der ersten Stunde am Bauhaus in Weimar und zählt neben Trude Petri, mit der sie zeitweise zusammenarbeitete, zu den profiliertesten Keramikgestalterinnen der Vorkriegszeit. Nach ihrem Studium arbeitete sie 1925 bis 1933 für die KPM in Berlin, die die linke Vase ausführte. Typisch ist der streng geometrische Aufbau der Form.

Demgegenüber gehörte der Schweizer Hans Theo Baumann zu den Entwerfern, die das Porzellandesign der Nachkriegszeit dominierten. Außer für Arzberg arbeitete er auch für andere renommierte Firmen wie z. B. Rosenthal. Seine Vase erinnert in ihrer einfachen Stilisierung stark an japanische Vorbilder und weist gegenüber dem zusammengesetzten Aufbau der Vase »Halle« eine stromlinienförmigere Struktur auf.

## 137 Vase

Entwurf Hans Theo Baumann (✻1924); Hersteller Porzellanfabrik Arzberg, um 1970.
Porzellan.
H. 22 cm, D. 20 cm
**80,– bis 120,–**

✻

***Arzberg ist seiner japanischen Formstrenge über mehrere Designergenerationen treu geblieben und hat es immer wieder geschafft, die besten Entwerfer – von Gretsch über Löffelhardt bis Baumann – heranzuziehen.***

## 138 Vase

Rosenthal, Kunstabteilung Selb,
60er Jahre.
Porzellan mit feinem roten Krakelée.
H. 10,5 cm, D. 10 cm
**80,– bis 120,–**

*

***Ein vergleichbarer Entwurf stammt von Trude Petri für KPM.***

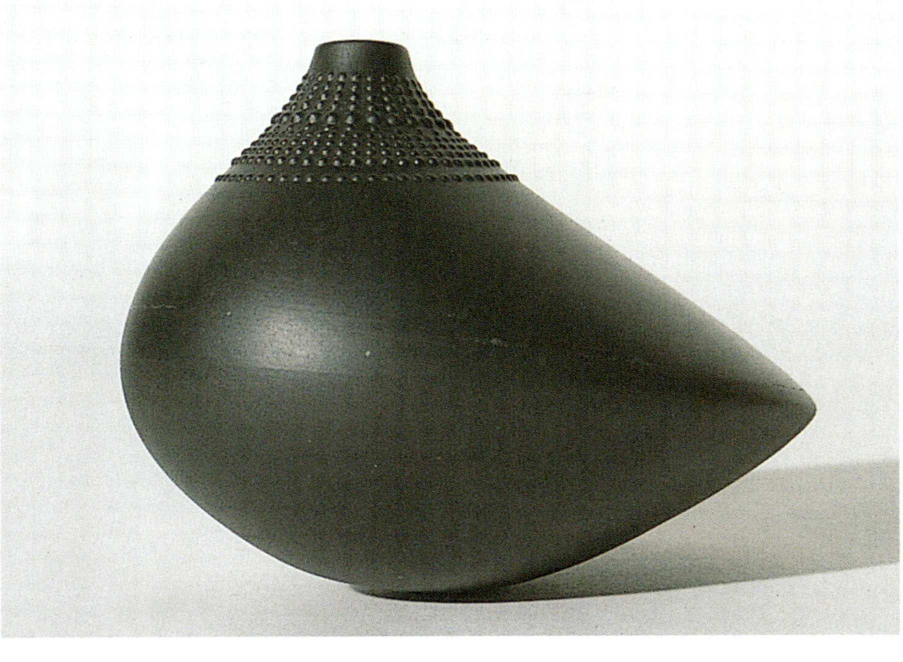



## 139 Vase »Pollo«

Entwurf Tapio Wirkkala (1915–1985), 1970; Hersteller Rosenthal, Selb.
Modellnr. 3090.
Porzellan mit mattschwarzem Unterglasurdekor.
H. 10 cm, L. 14 cm
**200,– bis 300,–**

*

***Es war typisch für die erfolgreiche Firmenpolitik von Rosenthal, bekannte Gestalter und Bildhauer für das Porzellan zu gewinnen und so regelrechte Kunstobjekte aufzulegen.***

Tapio Wirkkala zählte in den 60er Jahren zu den profiliertesten skandinavischen Gestaltern. Hauptberuflich war er Bildhauer, und so verwundert es nicht, daß das bildhauerische Element auch in seinen Entwürfen für Glas, Holz und Porzellan deutlich zu spüren ist. Rosenthal verfolgt die Firmenpolitik, bedeutende – damals vor allem auch skandinavische – Künstler und Designer mit Aufträgen zu betrauen.

Bezieht sich die runde Kugel mit dem edlen feinmaschig roten Krakelee auf die strenge, abstrakte Designrichtung in der Tradition von Trude Petri, streifen andere figürlich oder illustrativ dekorierte Objekte des Rosenthal-Programms oft die Grenzen zum Kitsch, eine Gefahr, die bei Wirkkala allerdings nicht gegeben ist.

## 140 Glaskrug

Entwurf Richard Süßmuth (1900–1974), 1937; Hersteller Süßmuth, Penzig oder Immenhausen, Deutschland.
Rauchgraues Glas.
H. 17 cm
**40,– bis 60,–**

✳

***Entwurf von zeitloser Schönheit.***

Als Wagenfeld 1923 ans Bauhaus kam, konnte er bereits auf eine gediegene Ausbildung zurückblicken, die er als Zeichner bei der Silberwarenfabrik Koch und Bergfeld in Bremen begonnen und dann an der dortigen Kunstgewerbeschule und der Staatlichen Zeichenakademie in Hanau fortgesetzt hatte. 1925 bis 1929 lehrte er als Assistent am Bauhaus in Dessau. Ab 1930 entwarf er für die Jenaer Glaswerke vor allem hitzebeständiges Gerät. 1935 bis 1938 arbeitete er als verantwortlicher Leiter der Designabteilung für die Vereinigten Lausitzer Glaswerke. Ebenso wie Süßmuth, der für seine eigene Glasfabrikation entwarf, ging es Wagenfeld um die Gestaltung zeitloser Formen.

## 141 Glasvase

Entwurf wohl Wilhelm Wagenfeld (1900–1990), 30er Jahre; Hersteller Vereinigte Lausitzer Glaswerke, Weißwasser.
Braungraues Glas.
H. 17 cm, D. 12 cm
**50,– bis 200,–**

## 142 Vier Schüsseln

Entwurf Wilhelm Wagenfeld (1900–1990), um 1950; Hersteller WMF, Württembergische Metallwarenfabrik, Geislingen.
Glas.
H. 8 cm, D. 18 cm (größte Schüssel)
**Je 80,– bis 120,–**

*

***Bei diesem Preis kann man auch zerbrechliches Design noch wirklich benutzen.***

## 143 Zwei Vasen

Entwurf Wilhelm Wagenfeld (1900–1990), 1950; Hersteller WMF, Württembergische Metallwarenfabrik, Geislingen, um 1950.
Glas.
H. 20 bzw. 12 cm,
D. 20,5 bzw. 13 cm
**Je 100,– bis 150,–**

Nachdem er relativ unbehelligt die Nazi-Zeit überstanden hatte, wurde Wagenfeld nach dem Krieg zunächst Professor für Design an der Hochschule der Künste in Berlin. 1954 etablierte er ein eigenes Entwurfsstudio in Stuttgart und wurde beratender Entwerfer für WMF, die neben Cromargan-Waren auch in großem Stil Glas herstellte. Obwohl seine Formen auf überzeitliche Gültigkeit angelegt waren, sind bei den Vor- und Nachkriegsentwürfen doch gewisse stilistische Unterschiede festzustellen: Die Formen fallen nach dem Krieg in der Linienführung eindeutig weicher und wesentlich fließender aus.

## 144 Kippaschenbecher

Entwurf Wilhelm Wagenfeld (1900–1990), 1959; Hersteller WMF, Württembergische Metallwarenfabrik, Geislingen, 1965–1974 und ab 1996. Glas mit Metalleinsatz.
H. 8 cm, D. 8,5 cm
**140,– bis 160,–**

*

***Fast ein Grund, das Rauchen nicht aufzugeben!***



## 145 »Sinusascher«

Entwurf Walter Zeischegg (1917–1983), 1966/67; Hersteller Helit, Kierspe Preßwerk Westfalen. Melamin.
H. 6,4 cm, D. 18 cm
**50,– bis 70,–**

*

***Der stapelbare Aschenbecher ist ein typisches Produkt des Stils der Ulmer Schule.***

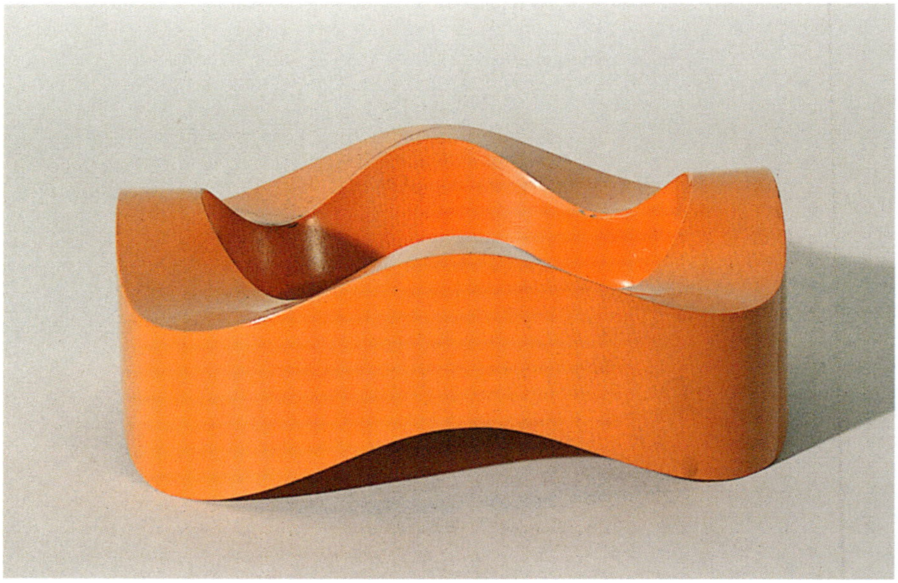

Wagenfeld war mit dem Werkstoff Metall ebenso vertraut wie mit Glas, und oft brachte er beide Materialien an einem Objekt zum Einsatz. Besonders berühmt wurde dabei die sog. Bauhaus-Lampe mit dem halbkreisförmigen Opalglasschirm, die heute wieder als Re-Edition hergestellt wird. Sein Kippaschenbecher verbindet in japanischer Strenge die metallene Zigarettenablage mit dem als Kippenaufbewahrungsraum dienenden Glas. Einem anderen Grundkonzept folgt der weitverbreitete Kunststoffaschenbecher von Zeischegg, dem es um eine kompakte Form geht, die bereits als Teil eines Stapels konzipiert ist.

## 146 Obstschale

Entwurf Josef Hoffmann (1870–1956), um 1904; Hersteller Wiener Werkstätte, WW monogrammiert und gemarkt.
Schwarz lackierter Stahl, versilberte Füße.
H. 6,5 cm, L. 34 cm
**20.000,– bis 30.000,–**

✻

***Objekte der Wiener Werkstätte besitzen einen zusätzlichen »Jugendstil-Bonus«.***



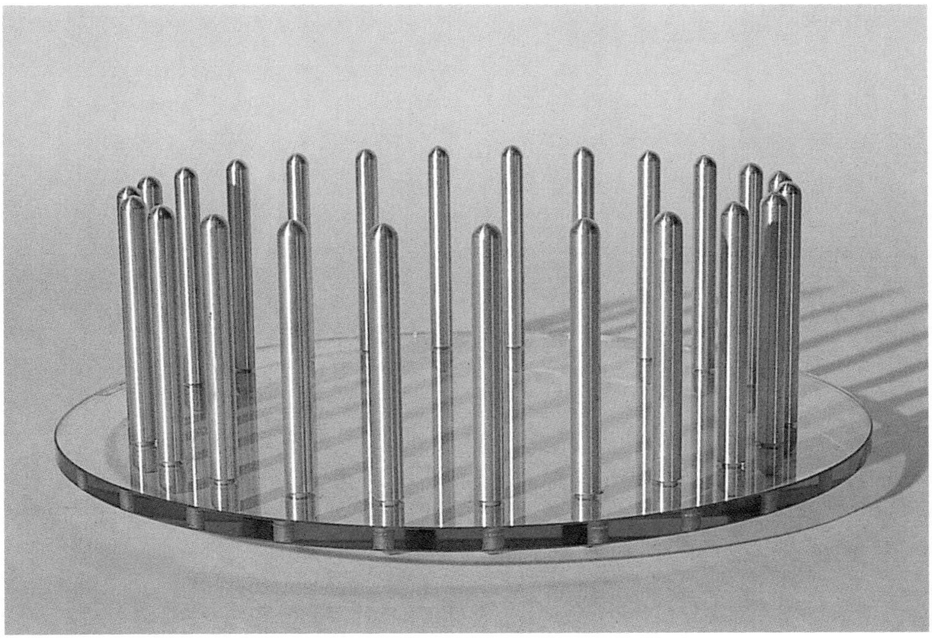

## 147 Obstkorb »TK 0057«

Entwurf Andreas Weber (✻1956), 1986; Hersteller Andreas Weber KG, München, erhältlich bis Anfang der 90er Jahre.
Glasplatte mit Metallstäben.
**350,– bis 450,–**

✻

***Um 1990 kostete der Obstkorb 428,–.***

Die Wirkung beider Schalen basiert auf dem elementaren Kontrast gegensätzlicher Materialien, die zudem formal stark betont werden. So steht bei Hoffmann die schwarz lackierte filigrane Schale auf massiv und ungewöhnlich dick erscheinenden, silbern glänzenden Füßen.

Bei Weber, der im weitesten Sinne dem sog. High-Tech zugerechnet wird, ragen hell schimmernde, dünne Metallstäbe aus der grünlich transparenten Glasplatte, die ebenso rund wie die Metallstäbe, aber breit statt hoch ist. Untergliedert wird dieser Grundgegensatz durch die gleichmäßige Reihungen einfacher Formen: bei Hoffmann durch seine berühmten Quadrate, die aus dem Metall herausgestanzt sind, bei Weber durch die gleichmäßige Reihung der Stäbe. Beide sind eher Kunstobjekt und Stilübung als Funktionsobjekt.

## 148 Schreibmaschine »Modell D«

Archo-Schreibmaschine Company,
Winterling & Pfahl, Frankfurt/Main,
30er Jahre.
Lackiertes Metall, Kunststofftasten.
H. 15,5 cm, B. 38 cm, T. 36 cm
**350,– bis 400,–**



## 149 Schreibmaschine »Valentine«

Entwurf Ettore Sottsass (*1917),
1969; Hersteller Olivetti, Mailand.
Roter Kunststoff.
H. 11,5 cm, B. 34,5 T. 35 cm
**300,– bis 400,–**

*

***Kultobjekt der 60er Jahre. Der Nachbau liegt preislich unter 300,–. Generell gilt: Nachbauten drücken den Preis der Originale!***

Ettore Sottsass ist einer der wenigen Superstars des Designs und war eine bedeutende Größe in der Kunstszene der 80er Jahre. Sein Schaffen pendelt zwischen funktionalistischen, eher spröden Designbereichen wie Computer, Schreibmaschinen oder Bürostühlen, denen er aber immer auch eine poppige Note zu verleihen wußte, und verspielten Objekten und Möbeln, die sich dem Bereich der freien Kunst annähern.

Eine wirkliche Revolution bei Schreibmaschinen aber stellte das kräftige Rot des geschlossenen Gehäuses dar, mit dem Sottsass seine »Valentine« zu einem Blickfang machte, da zuvor die Einheitsfarbe Schwarz allenfalls von einem gedämpften Grün oder Stahlblau abgelöst worden war.

## 150 Reiseschreibmaschine »Olympia Plana«

Olympia, Deutschland, 50er Jahre.
Rotbraunes Bakelit.
H. 9 cm, B. 32 cm, T. 31 cm.
**50,– bis 150,–**

*

***Durch einen Mechanismus an einer Sperrholzbodenplatte arretierbar und mit einem schwarz verkleideten Sperrholzgehäuse fest verschließ- und transportierbar.***

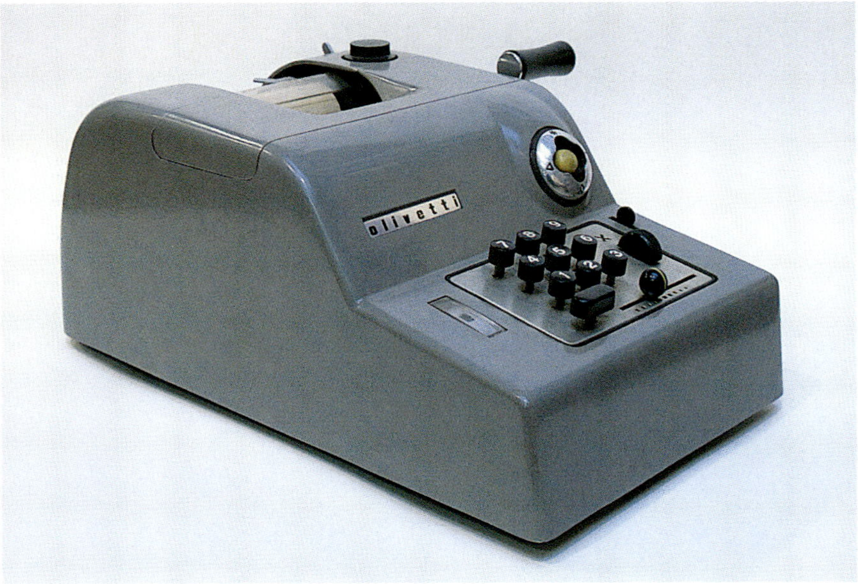


## 151 Rechenmaschine »Summa 15«

Entwurf Marcelli Nizzoli (1887–1969), um 1950; Hersteller Olivetti, Mailand.
Metallgehäuse, Kunststofftasten.
H. 16 cm, B. 25,5 cm, T. 25 cm
**400,– bis 500,–**

*

***Der Markt für technische Geräte hat sich bislang erst zögerlich entwickelt.***

Nizzoli studierte neben der für italienische Designer obligatorischen Architektur Malerei und Graphik und arbeitete zunächst mit den Futuristen zusammen. Für die Firma Olivetti entwarf er ab 1938 die Werbegraphik und später dann vor allem Rechen- und Schreibmaschinen. Seine »Lexikon 80« aus dem Jahre 1948 und die »Lettera 22« zwei Jahre später waren Meilensteine für das moderne Schreibmaschinendesign. Zeigt seine Rechenmaschine »Summa 15« noch die weichen, abgerundeten Formen der 50er Jahre. Dies gilt auch für die gestalterisch weniger prononcierte Reiseschreibmaschine von Olympia.

## 152 Telefon »W 48«

Siemens & Halske AG, Wernerwerk, Deutschland, 1948.
Kunststoff, Aluminium.
H. 16 cm, B. 24 cm
**150,– bis 250,–**

*

***Alte Telefone sind praktisch unverwüstlich und sowohl wegen ihrer Robustheit und Schönheit wie auch als Alternative zum High-Tech sehr beliebt. Selbst auf Flohmärkten sind sie kaum unter 100,– zu ergattern.***

## 153 Telefon

Frankreich, ab 30/40er Jahre.
Kunststoff, verchromtes Metall, Zusatzhörer.
H. 13 cm, B. 23 cm, T. 24 cm
**200,– bis 250,–**

Telefone waren ursprünglich technisch relativ simple Geräte, die aus einem Kasten an der Wand mit Sprechtrichter und abnehmbarem Hörer bestanden. Ein über Jahrzehnte prägender Typus und die geläufige Form des Fernsprechers überhaupt wurde das Siemenstelefon mit dem Hörer auf der Gabel. Es gab hier Klassiker in den einzelnen Ländern, die oft über viele Jahre unverändert produziert wurden.

Meist bestehen sie aus schwarzem oder mitunter auch weißem Bakelit und erfreuen sich wegen ihrer skulpturalen Erscheinung und robusten Technik immer noch einiger Beliebheit.

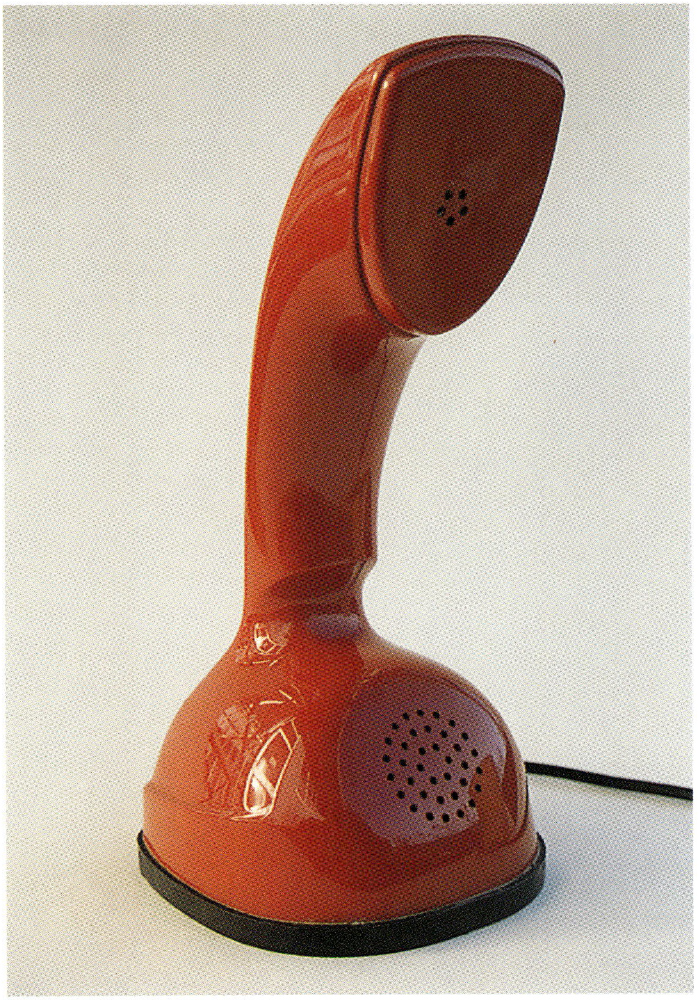

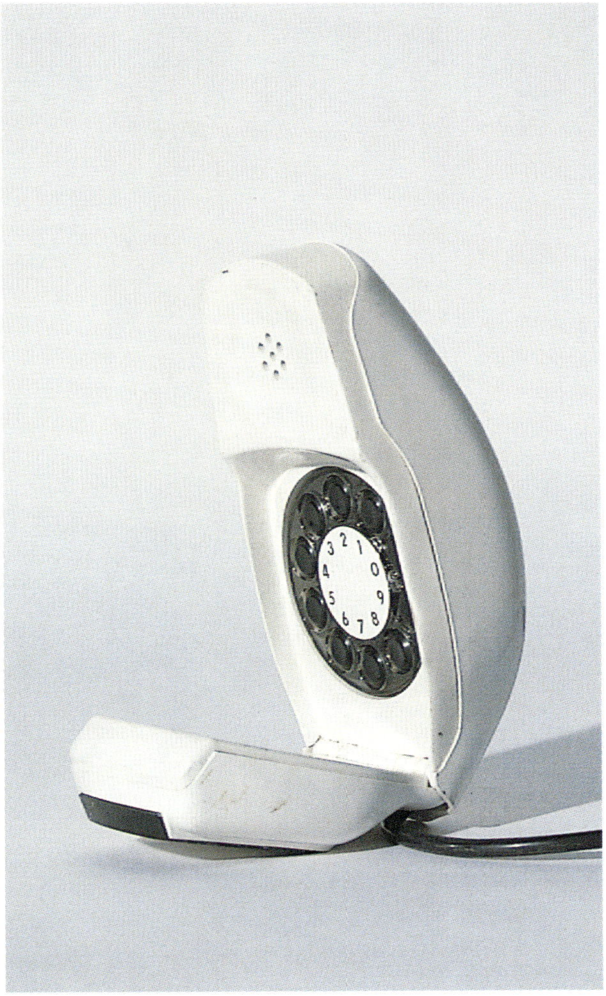



## 154 »Ericofon«

Entwurf Ralph Lysell, 1940;
Hersteller L. M. Ericson Co., Stockholm, 1940–1954.
Kunststoff, Gummistandring.
H. 21 cm
**Rot 230,– bis 270,–**
**Weiß 180,– bis 220,–**

✻

***Das »Ericofon« genießt unter Designliebhabern Kultstatus. Es existiert ein späterer Nachbau.***

Beide Telefone stellen eine vielbeachtete und designgeschichtlich spektakuläre Alternative zu den geläufigen Telefonmodellen dar. Beim Ericson-Modell befindet sich die Wählscheibe auf der Unterseite des als Verbindung aus Hörer und Sprechmuschel aufgebauten Gerätes.

Ebenso einen Meilenstein auf dem Weg zum kompakten Telefonieren und im Grunde der Ahnvater des heutigen Handy ist »Grillo«, ein Geniestreich des Designergespanns Zanuso-Sapper (siehe auch Abb. Nr. 161).

Zanuso entwarf neben Möbeln vor allem Radio- und Fernsehgeräte. Und der Allrounder Sapper landete mit der Niedrigvoltlampe »Tizio« wohl seinen größten internationalen Erfolg.

## 155 Telefon »Grillo«

Entwurf Marco Zanuso (∗1916)/ Richard Sapper (∗1932), 1965;
Hersteller Itabel-Siemens.
Kunststoff.
H. 7 cm, B. 7,5 cm, T. 16,5 cm
**200,– bis 300,–**

✻

***Nur komplett mit farblich passender separater Glocke.***

## 156 Radio »Fada«

USA, 30er Jahre.
Catalin.
H. 15,5 cm, B. 26 cm, T. 14 cm
**3.000,– bis 5.000,–**

*

***Die wunderschönen, farbenprächtigen Art-déco-Radios aus Amerika sind heute hochbegehrte Sammlerstücke.***

## 157 Radio

Philips, Niederlande, 40er Jahre.
Kunststoff.
H. 23 cm, B. 39 cm
**350,– bis 600,–**

*

***Typisches, aber seltenes Stildokument der 40er Jahre.***

Radios gehören zu den faszinierendsten Designgebieten des 20. Jahrhunderts. Hier gibt es eigene Sammlergemeinden, die sich einerseits für das Design der äußeren Hülle, andererseits aber auch für die Technik im Inneren interessieren. Wichtige Stationen stellten in den 20er und 30er Jahren die amerikanischen Kunststoffradios dar, die oft sehr bunt und extravagant ausfielen. Europäisch zurückhaltender ist das kubische Gerät von Philips, das zwischen Art déco und den »barockeren« Formen der 50er Jahre steht.

## 158 Radio »Zenith«

USA, Modell 6D315, 1938.
Bakelit.
B. ca. 30 cm
**800,– bis 900,–**

## 159 Radio »Das Ohr«

Tesla, Tschechoslowakei, 50er Jahre.
Bakelit.
B. ca. 30 cm
**500,– bis 1.000,–**

Unübersehbar ein Dokument des Nierentischzeitalters ist das tschechische Radio, dessen ohrmuschelförmiges Lautsprecherfeld zugleich wie eine Niere geformt ist, wodurch die Gesamterscheinung pointiert asymmetrisch ausfällt.

Es stellt eine freie und vereinheitlichende Weiterentwicklung von Radios der Vorkriegszeit dar, wie dem amerikanischen Zenith-Radio von 1938, das ebenfalls den Hauptakzent weniger auf die farbliche Attraktivität des Materials als auf die formal interessante Gestaltung legt.

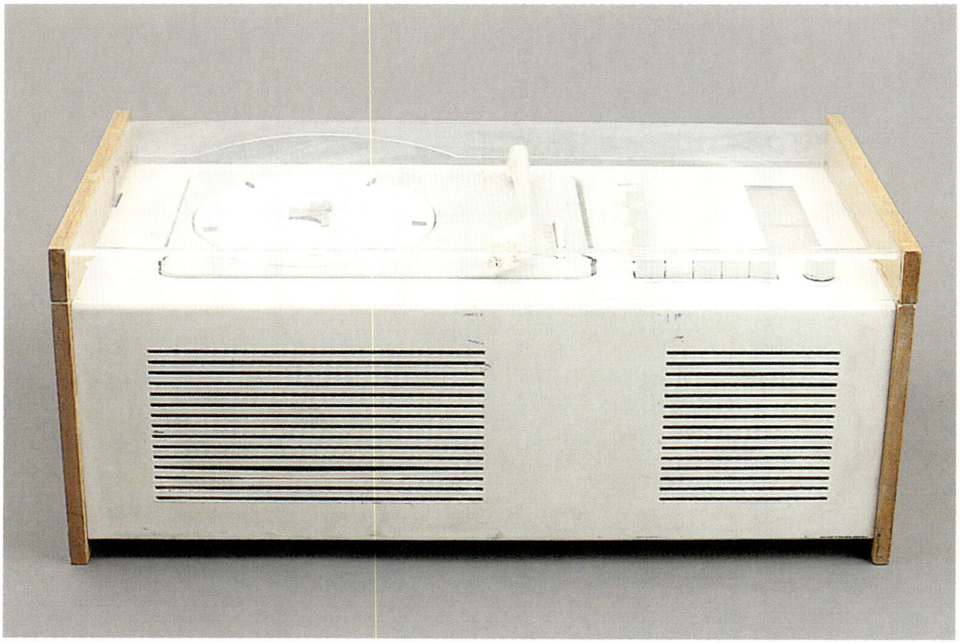

**160 Radio-Phono-Kombination »Sk 4«**

Entwurf Hans Gugelot (1920–1965)
Dieter Rams (*1932), 1956;
Hersteller Max Braun, Frankfurt/Main.
Eiche, Plastik, Perspex, weiß lackiertes Metall.
H. 24 cm, B. 58,5 cm, T. 29 cm
**250,– bis 500,–**

*

***Berühmtes Produkt, das als »Schneewittchensarg« in die Kulturgeschichte einging.***

**161 Radio »Ls 502«**

Entwurf Marco Zanuso (*1916)/
Richard Sapper (*1932), 1964;
Hersteller Brionvega, Mailand.
Tragbares Transistorradio.
ABS-Kunststoff, Stahl.
H. 13 cm, B. 26 cm, T. 10 cm
**500,– bis 800,–**

*

***Der Preis für eine gut erhaltene alte Ausformung. Es gibt auch eine Re-Edition.***

Designgeschichte schrieb Hans Gugelot, als der Dozent an der HfG Ulm begann, für das Frankfurter Unternehmen Braun Geräte zu entwerfen. Dabei arbeitete er mit dem jungen Dieter Rams zusammen, der später als Leiter der Entwurfsabteilung des Braun-Designs weltberühmt werden sollte. Es ging hier um die ultimative formale Reduktion des Designs, das bei aller minimalistischen Ästhetik auch eine gediegene Funktionalität aufweist. Es gilt weltweit als typisch deutsch. »Design ist unsichtbar«, war eines der Schlagworte dieser Zeit. Das Problem bei solch einfachen Gestaltungen ist allerdings, daß sie nur wirklich guten Entwerfern gelingen. Viele Nachahmungen konnten die Gefahr der verwechselbaren Langeweile nicht vermeiden und haben so dieses funktionalistische Designkonzept in Verruf gebracht.

## 162 Fernsehgerät »TV 22«

Bush Radio, England, 1948.
Bakelitgehäuse.
H. 39 cm, B. 49 cm, T. 39 cm
**2.000,– bis 2.500,–**

## 163 Fersehgerät »Nivico«

IVC, Yokohama, Plant Victor Co.
of Japan, 1970.
Schwarzweißfernseher, Mod. 3240
GEM.
H. 34,5 cm, D. 27,5 cm
**400,– bis 600,–**

*

***Technisch überholt, aber formal immer noch ein Knaller.***

Heute sind Fernseher mehr oder weniger gleich aussehende, rechteckige Kästen, die sich vor allem durch die Schriftzüge der Herstellerfirmen unterscheiden und die Ästhetik der Unsichtbarkeit pflegen. Diese macht sich vor allem beim täglichen Suchen der Fernbedienung bemerkbar. Die eigentlichen Designprobleme liegen heute in der Bedienbarkeit elektronischer Geräte. Und in diesem Bereich zeigen sich bisher sowohl Techniker als auch Designer, wenn sie denn involviert werden, ebenso überfordert wie die späteren Konsumenten. So wie das Industriedesign am Anfang dieses Jahrhunderts zu den ungelösten Problemen gehörte, so ist an seinem Ausgang die Bedienerfreundlichkeit elektronischer Geräte ein Desiderat.

**164 Diaprojektor »Fontax S-300«**

Liesegang, Deutschland, 50er Jahre.
Grün und schwarz lackiertes Metall, schwarzer Kunststoff.
H. 20 cm, L. 27 cm
**50,– bis 100,–**

*

***Geräte dieser Art werden kaum gehandelt. Man findet sie meist auf Flohmärkten, wo sie zu einem Preis weit unter ihrer Bedeutung verhökert werden.***

**165 Diaprojektor »Proximat electric«**

Braun, Nürnberg, 50er Jahre.
Lackiertes Metall.
H. 20 cm, L 29 cm
**50,– bis 80,–**

Die Firma Liesegang ist neben Leitz die profilierteste Firma auf dem Gebiet der Diaprojektoren. Diese sind optisch im Gegensatz zu den heute obligatorischen Plastikkisten eine wahre Augenweide und funktionieren meist noch hervorragend. Bei dem Gerät oben muß man jedes Dia einzeln einstecken, das dann auf Knopfdruck unten durchfällt. Die alten Lampen sind zwar meist noch erhältlich, doch ziemlich teuer (ca. 80 DM) und ausgesprochen empfindlich gegenüber Erschütterungen.

## 166 Ventilator

Siemens TF 201, Deutschland,
1951 – 1955.
Schwarz lackiertes Metallgehäuse,
Messingrotoren.
H. 33 cm, D. 32 cm
**200,– bis 400,–**

*

***Ventilatoren sind sowohl funktionale wie dekorative Objekte.***

## 167 Ventilator »Debit«

Frankreich, 30er Jahre.
Metallfuß und -rahmen,
Rotor aus rotem Bakelit.
H. 31 cm
**150,– bis 300,–**

Als Vorläufer der modernen Ventilatoren können jene pfauenfedernschwingenden schwarzhäutigen Sklaven gelten, die in vielen Historienfilmen zum festen Bestandteil der Ausstattung gehören. Im 18. Jahrhundert waren vor allem bei Damen zusammenklappbare Fächer beliebt, die nicht nur sehr praktisch, sondern zumeist auch noch kunstvoll verziert waren.

Die Designgeschichte des Ventilators beginnt mit dem berühmten Entwurf des deutschen Jugendstilkünstlers, Architekten und Designers Peter Behrens für die AEG aus dem Jahre 1912, dem unser Nachkriegsmodell von Siemens immer noch fast zum Verwechseln ähnlich sieht. Es besteht hauptsächlich aus einem Propeller, wie man ihn vom Flugzeug bzw. von der Schiffsschraube her kannte, und einer Vergitterung, um unvorsichtige Finger fernzuhalten.

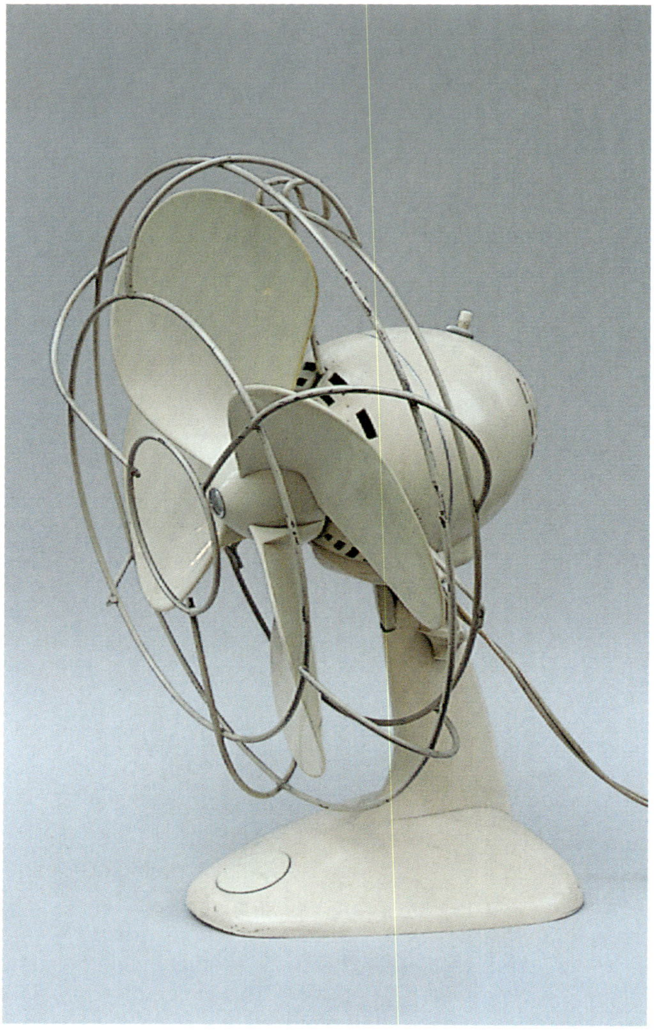

### 168 Ventilator »Calor«

Frankreich, um 1930.
Weißer Kunststoff.
D. 38 cm
**200,– bis 400,–**

*

***Frühes und sehr schönes Objekt des Kunststoffzeitalters.***

Während die ersten Ventilatoren noch aus Metall gefertigt waren, hielt auch hier das Kunststoffzeitalter rasch Einzug. Dabei gab es keine festen Regeln, ob nun das Gehäuse aus Metall und der Rotor aus Kunststoff oder umgekehrt beschaffen sein mußte. Mit dem Stromlinienzeitalter änderte sich aber auf jeden Fall der Anmutungscharakter eines solchen Gerätes, das nun deutlich windschnittiger gestaltet wurde. Obwohl der Venilator selbst gar nicht im Wind stand, sondern diesen Wind vielmehr für andere erzeugte, war diese Assoziation doch so zwingend, das sie uns bei vielen Geräten in verschiedensten Ausprägungen begegnet.

### 169 Ventilator »Libelle, Typ TVK«

Schoeller & Co, Elektrotechnische Fabrik Frankfurt/Main, um 1953.
Rot lackiertes Metallgehäuse,
Rotor aus Bakelit.
H. 27 cm, D. 21 cm
**70,– bis 120,–**

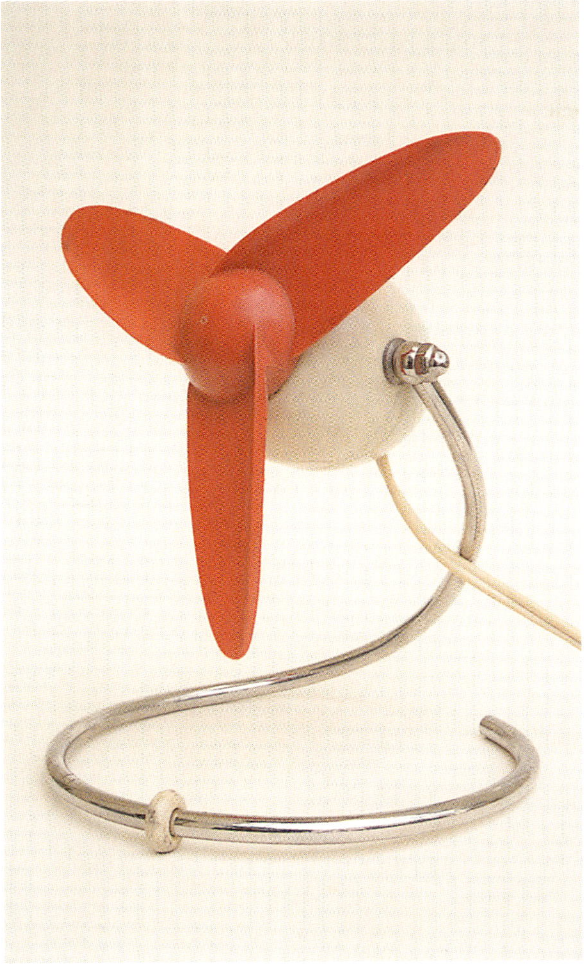

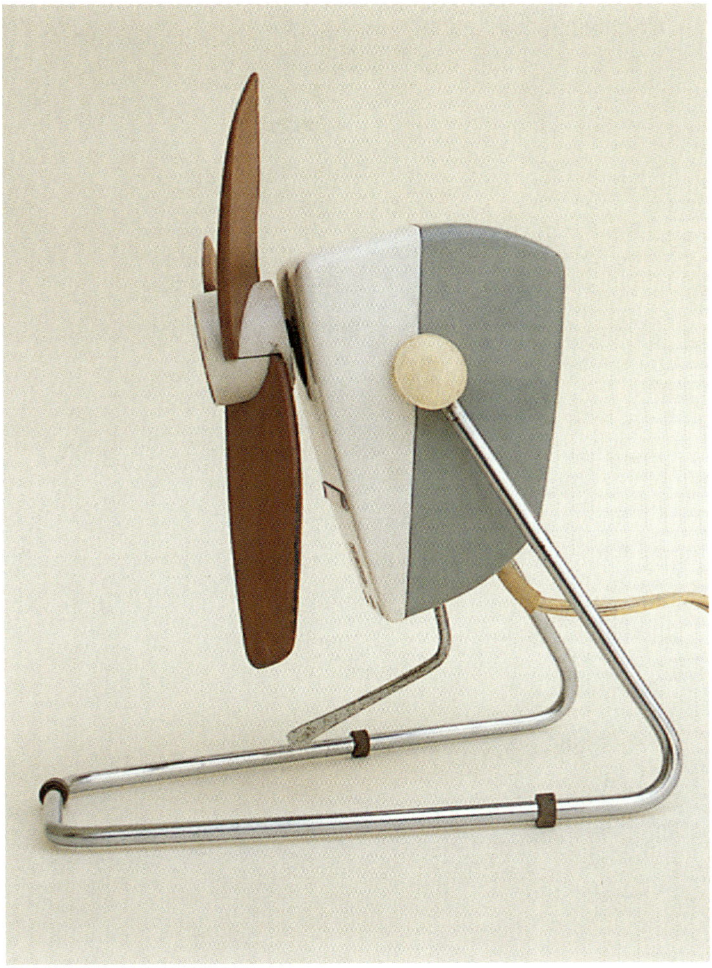



### 170 Ventilator

Unbezeichnet, 50er Jahre.
Lackiertes und verchromtes Metall, roter Rotor aus Kunststoff.
Gesamth. 18. cm, D. 16 cm
**50,– bis 100,–**

*

***Im Betrieb ist vom Rotor nur der runde Mittelknopf zu sehen, während die eigentlichen Rotorblätter einen zarten Farbschleier drumherum bilden.***

Als Alternative zu dem vergitterten Modell mit steifen Rotorblättern etablierten sich im Zuge der Entwicklung verschiedener flexibler Kunststoffsorten Ventilatoren, die ohne diesen Schutz auskamen. Dabei reichten die Variationen von relativ harten Propellerflügeln bei kleineren Ventilatoren zu sehr weichen, gummiartigen bei größeren, leistungsfähigeren Geräten. Eine Sonderentwicklung waren Ventilatoren mit völlig flexiblen Rotoren, die sich allein durch die Zentrifugalkraft entfalteten.

In den 50er Jahren entstanden Geräte, die sich durch ihre einfache, dynamische und oft auch farblich eindrucksvolle Gestaltung zu regelrechten Tischskulpturen entwickelten.

### 171 Ventilator

Philips, Holland, 60er Jahre.
Kunststoff, verchromtes Metall, Gummi.
H. (Gehäuse) 18 cm, D. 20 cm
**30,– bis 50,–**

*

***Während der ganz aus runden Formen konzipierte namenlose Ventilator links noch beispielhaft die 50er Jahre verkörpert, ist der ins Kantige und Eckigere tendierende von Philips bereits ein Stilprodukt der 60er Jahre.***

### 172 Elektrischer Heizlüfter »Astron 2000«

Entwurf Christian Bachem, 1953;
Hersteller Albin Sprenger KG,
St. Andreasberg/Harz.
Aluminiumguß mit weiß-gelblichem Kunstharzüberzug, verchromtes Metallrohr.
H. 29 cm, D. 23 cm
**50,– bis 100,–**

*

***Bekannter Entwurf der deutschen Nachkriegszeit.***



### 173 Heizlüfter »Typ H 7«

Braun AG Frankfurt/Main,
60er Jahre.
Lackiertes Metall.
H. 14 cm, B. 30 cm, T. 18 cm
**60,– bis 100,–**

*

***Typisch für das sachliche Braun-Design.***

Ebenso wie für Ventilatoren schuf Behrens eine prägende Form des Heizlüfters, dessen Grundprinzip recht ähnlich wie das des oberen ausfällt. Es basiert auf der Kombination von Ventilation und glühenden Heizdrähten, die beide durch elektrischen Strom betrieben werden. Der runde Heizlüfter »Astron« ist dabei im Grunde nichts weiter als die robustere Fassung eines Föns, bei dem das Schutzgitter nicht nur gegen die mechanische Zentrifuge, sondern auch gegen die Heizdrähte schützen muß.

In den 60er Jahren enwickelte sich der Typus der flachen, kubischen Heizlüfter.

## 174 Haartrockner

Foen & Son, Elektrische Gesellschaft Sanitas, Berlin, wohl 30er Jahre. Schwarz lackierter Holzgriff, verchromtes Metall, Bakelitschalter.
H. 22 cm, B. 13 cm, L. 18 cm
**50,– bis 80,–**

*

***Ein Fön von »Foen«.***



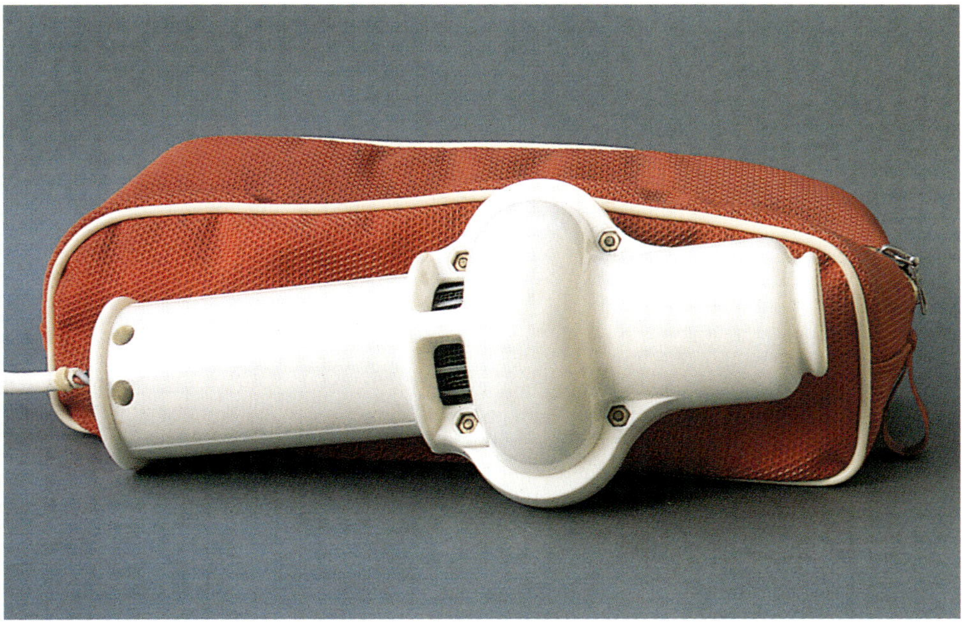

## 175 Haartrockner »Edir«

Entwurf Herbert Marloth, 1938; Hersteller Siemens-Schuckertwerke AG, Deutschland.
Weißes Melamingehäuse. 220 W.
L. 21,5 cm, B. 9 cm
**40,– bis 60,–**

*

***Bekannter Entwurf der Vorkriegszeit.***

Ein Fön ist im Grunde nichts anderes als ein kleines Heizgerät mit Griff. Anders als dieses muß allerdings sein Strahl heißer (oder kalter) Luft nicht möglichst breit gestreut, sondern auf die Haare konzentriert werden, weshalb die warme Luft durch eine enge Röhre geblasen wird. Im Grunde wurde bereits am Anfang die zweckmäßige Form dafür gefunden, die sich dann nur entsprechend den gegebenen technischen Möglichkeiten veränderte. Die Firma Foen hat hier mit ihrem Markennamen auch den Produktnamen geprägt.

Kunststoff spielte bei Fönen neben Metall und Holz (für den Griff) bereits frühzeitig eine wichtige Rolle. Eine aus dem Schema herausfallende Form bietet der Haartrockner »Edir« der Firma Siemens, der auf einer achsialen Grundform basiert und keinen eigenen Griff besitzt.

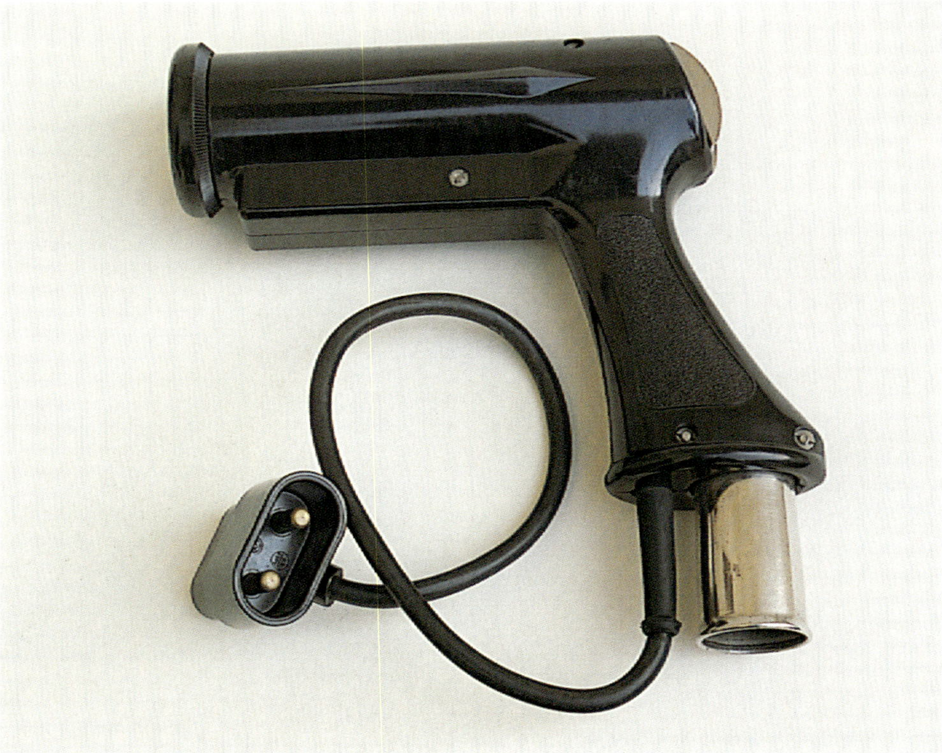

## 176 Haartrockner

Unbezeichnet, wohl 40er Jahre
Schwarzes Bakelit, verchromtes Metall.
H. 18 cm, L. 19 cm, D. 5 cm
**40,– bis 60,–**



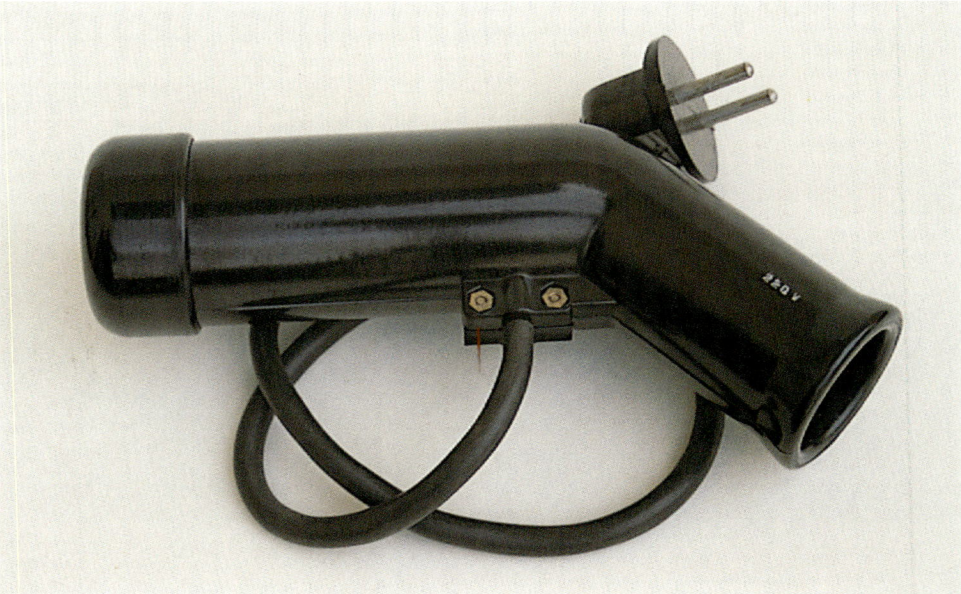

## 177 Haartrockner

Deutschland, wohl 30er Jahre.
Schwarzes Bakelit, brauner Bakelitstecker.
L. 17 cm, D. 4 cm
**40,– bis 60,–**

Gegenüber der klassischen Form eines Metallgehäuses mit Röhre und Holz- bzw. Bakelitgriff haben sich bereits früh Geräte entwickelt, die das Gebläse in die Röhrenform integrierten. Besonders eigenwillig ist dabei der Fön, der wie ein geknicktes Rohr aussieht. Für die moderne Form der Föns hat sich diese Gestaltung als wegweisend herausgestellt, während sich die klassische Form im Lauf der Zeit als zu plump und schwerfällig erwies. Die moderne Gestaltung war auch deshalb möglich, weil Kunststoff hervorragende Wärmedämmeigenschaften aufweist, und man deshalb den Gerätekörper direkt anfassen kann.

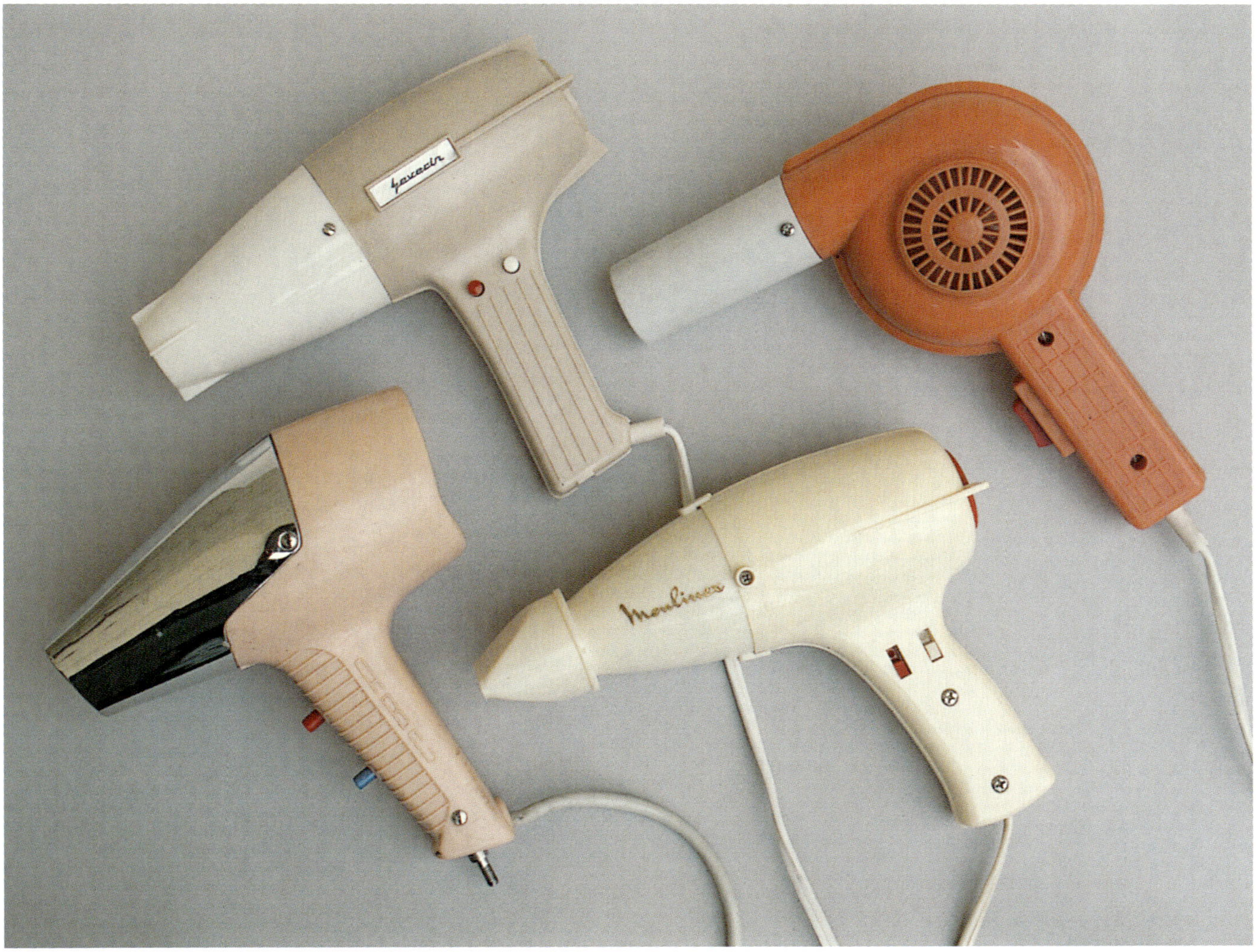




In der Nachkriegszeit kam die Produktion von Haushaltsgeräten erst richtig in Schwung. Haartrockner mit Kunststoffhüllen wurden zu einem für jedermann erschwinglichen, leichten und praktischen Gegenstand.

Abgesehen von Funktion und Gebrauchswert war es nun das sog. Styling nach amerikanischem Vorbild – wo diese Massengüterproduktion bereits in den 30er und 40er Jahren eingesetzt hatte –, das über die Akzeptanz eines Produkts am Markt entschied. Dabei setzten einige Hersteller auf die charakteristischen organischen Formen der 50er Jahre – nicht selten in zeittypischer Farbigkeit –, andere inspirierten sich an futuristisch aussehenden Flugzeugturbinen, wiederum andere beschritten traditionelle Pfade und imitierten mit dem völlig neuen Werkstoff die Formen, die für Metallföns entwickelt worden waren.

Kunststoff hat sich übrigens im Elektrobereich nicht nur deshalb so stark durchgesetzt, weil er beliebig formbar ist, sondern auch, weil er Elektrizität nicht leitet und deshalb auch aus sicherheitstechnischen Gründen enorme Vorteile aufweist.

## 178 Haartrockner

Von links oben nach rechts unten:
Severin, Schott, ABC, Moulinex,
50er Jahre.
Kunststoff.
**Je 20,– bis 50,–**

## 179 Rasierer

Entwurf Gerd Alfred Müller (* 1932)/
Dieter Rams (* 1932), um 1955;
Hersteller Braun AG, Kronberg/Taunus.
Weißes Kunststoffgehäuse.
L. 9 cm, B. 6,5 cm, T. 3,5 cm
**20,– bis 30,–**

Elektrisch betriebene Trockenrasierer setzten sich erst nach dem Krieg auf breiter Basis gegen die Naßrasur durch, bei der der Rasierklingenhalter bereits das früher übliche Rasiermesser fast vollständig verdrängt hatte. Heute ist das Lager der Trockenrasierer und das der Naßrasierer etwa gleich groß.

Der Trockenrasierer weist verschiedene Formen auf, wobei Philips für das Rundkopf-System steht, während Braun sich mit seinem Scherkopfsystem weitgehend durchgesetzt hat.

Designgeschichtlich stellt der berühmte »Sixtant« aus dem Jahre 1961 den Sieg der straffen Systemeleganz der 60er Jahre gegenüber dem rundlichen »Barock« der 50er dar. Kühl, sachlich, funkionell und modern sieht dieses wegweisende Design aus und hat Braun auf dem Markt der Rasierapparate eine weltweit führende Position gesichert.

## 180 Elektrorasierer »Sixtant«

Entwurf Hans Gugelot (1920–1965)/
Gerd A. Müller (* 1932), 1961;
Hersteller Braun AG,
Kronberg/Taunus, Deutschland,
ab 1962.
Kunststoff, Edelstahl.
H. 3,2 cm, L. 10 cm, B. 7 cm
**20,– bis 30,–**

*

***Wegen der millionenfachen Verbreitung und dem geringen Alter kann sich für diesen berühmten Entwurf kein hoher Sammlerpreis etablieren.***

## 181 Rasierer »Philishave« – »Das runde Ei«

Philips, 50er Jahre.
Cremefarbene Kunststoffverkleidung, verchromter Scherkopf.
L. 9 cm
**20,– bis 30,–**

*

***Auch auf Flohmärkten noch relativ häufig zu findender Klassiker.***

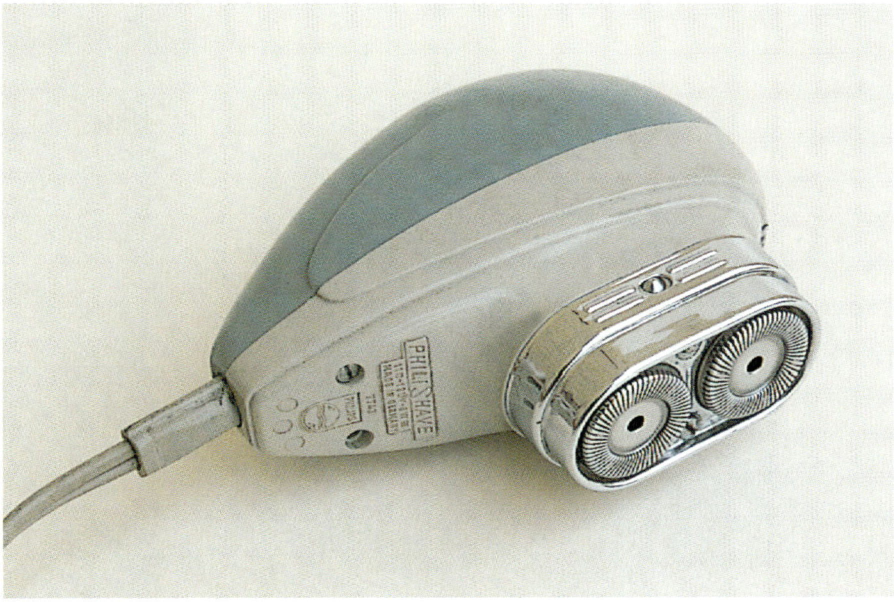


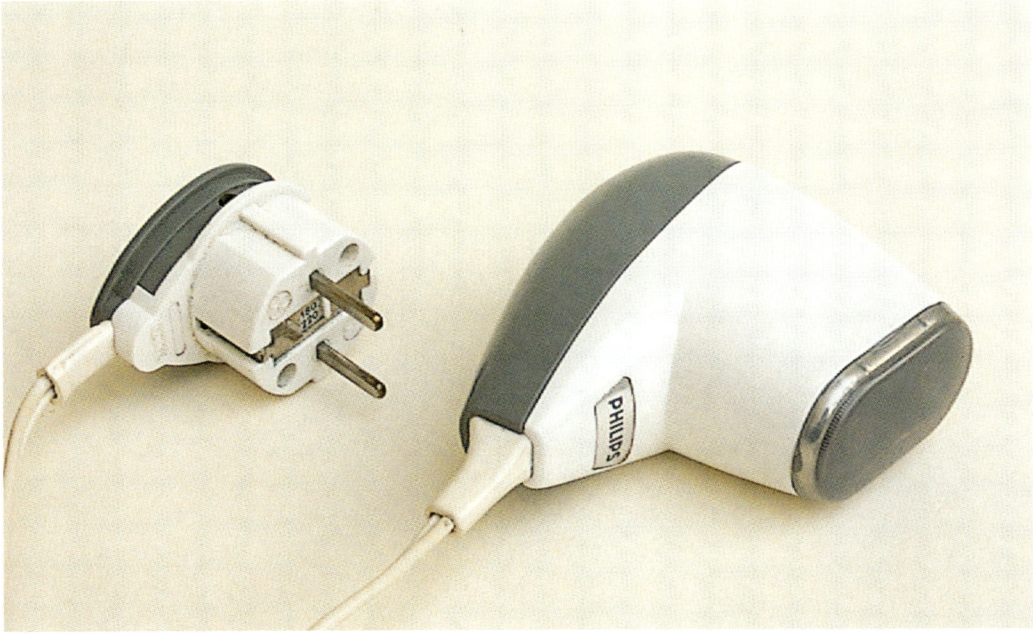


## 182 Rasierer »Philishave«

Philips, 60er Jahre.
Weiße und dunkelgraue Kunststoffverkleidung, verchromter Scherkopf.
**20,– bis 30,–**



Bei der Gegenüberstellung von zwei Geräten des gleichen Typus sehen wir ein instruktives Beispiel für Stilentwicklung. Das ältere Gerät zeigt deutlich die rundlich-organische, noch aus der Stromlinienära stammende Profilierung, bei der sowohl in Form und Materialwahl sichtbar zwischen einem großen, nierenförmigen Korpus und dem eigentlichen Scherkopf unterschieden wird.

Als Übergang finden wir zunächst die Zweifarbigkeit des Kunststoffkorpus in Hell und Dunkelgrau, wodurch dieser grundsätzliche Gegensatz farblich aufgehoben und der Korpus entkörperlicht wird.

Das 60er-Jahre-Modell ist demgegenüber deutlich geometrisch gestrafft, und es integriert den Scherkopf in das Plastikgehäuse. Auch der Stecker ist farblich analog gestaltet. Das Beispiel zeigt, daß der Stecker nicht ein beliebig auswechselbares Anhängsel ist, sondern integraler Bestandteil des Entwurfs.

### 183 Toaster »Modell E 5214«

Rowenta, Offenbach, Entwurf 1958.
Metall.
H. 18,5 cm, B. 20 cm, T. 10,5 cm
**60,– bis 100,–**

*

***Alte Toaster waren in den 90er Jahren vor allem bei Jugendlichen sehr begehrt.***

Mit der Erfindung der Elektrizität und deren Eigenschaft, beim Durchfluß durch Drähte diese zu erwärmen, war auch der Zeitpunkt nicht mehr fern, daß ein findiger Mensch sich der Aufgabe annahm, auf praktische und bequeme Weise ein knatschiges, fades, praktisch ungenießbares Stück Weißbrot in ein knuspriges, köstliches Toastbrot zu verwandeln. Bei den frühen Toastern sind die Heizspiralen zentral angeordnet. Mit einer beweglichen Klappe wird die Brotscheibe eingeklemmt und dann nach wenigen Minuten gewendet.

In den letzten Jahren war es regelrechte Mode, sich alte Toaster anzuschaffen und auch zu benutzen. Zu beachten ist, daß die Toaster noch funktionstüchtig und die Heizdrähte möglichst nicht verschmort sind.

### 184 Toaster »Typ 581«

Maybaum, Deutschland, Entwurf wohl 1964.
Verchromtes Metall.
L. 20,5 cm, H. 18 cm
**200,– bis 250,–**

## 185 Toaster »Morphy-Richards«

England, 60er Jahre.
Metall.
H. 19 cm, B. 29 cm, T. 15 cm
**140,– bis 160,–**

*

***Formal gesehen eher 50er Jahre. Ein baugleiches Modell existiert von der Firma Maybaum.***

## 186 Toaster »Schott«

Deutschland, 50er Jahre.
Verchromtes Metall.
B. 18 cm, H. 17 cm
**50,– bis 80,–**

*

***Wichtig ist bei alten Toastern die Funktionstüchtigkeit.***



Dem einfachen Prinzip der innen angebrachten Heizspiralen stellte man bald das heute allgemein übliche, aufwendigere Prinzip zur Seite, bei dem die Heizspiralen außen auf beiden Seiten angebracht waren, was den entscheidenden Vorteil hat, daß zwei Toastbrote gleichzeitig geröstet werden können.

Während die Toaster, bei denen man die Brotscheiben wenden muß, meist eher wie metallene Gerüste oder gar Skelette aussehen, tendiert die Weiterentwicklung, bei der von beiden Seiten geröstet wird, in den 50er Jahren zu einer gerundeten Kompaktform. In den 60ern wurde diese zur obligatorischen Kastenform, während in den letzten Jahren eine Rückkehr zu den gerundeten Formen festzustellen ist.

## 187 Multipress-Frischsaftzentrifuge

Max Braun, Frankfurt/Main, um 1950, Werksentwurf.
Zweifarbiger Kunststoff, Stahl.
H. 28 cm, D. 17,5 cm
**50,– bis 80,–**

Der Vergleich dieser beiden Saftpressen zeigt, daß hier zwei Stilwelten aufeinanderprallen. Im einen Fall finden wir die organisch-weichen Formen der 50er Jahre, wie sie in der deutschen Nachkriegszeit vor allem durch Geräte aus den USA inspiriert worden sind.

Demgegenüber ist der Entwurf von Gerd Müller bereits dem streng-sachlichen Stil der Ulmer Schule verpflichtet, der zu einer straffen Vereinheitlichung und Komprimierung der Form drängte.

## 188 Multipress »MP 3/31«

Entwurf Gerd Müller (*1932), 1957,
Hersteller Max Braun,
Frankfurt/Main, ab 1968.
Kunststoff, Stahl.
H. 28,5 cm, D. 18 cm
**50,– bis 80,–**

*

***In wenigen Jahren werden auch die letzten Exemplare unweigerlich entrümpelt sein.***

## 189 Mixer

Braun AG, 50er Jahre.
Aluminiumbecher.
H. 40,5 cm
**150,– bis 200,–**

*

***Bei dem abgebildeten Exemplar fehlt der Deckel. Das drückt den angegebenen Preis erheblich!***

Die Küchen der deutschen Nachkriegshaushalte waren mit einem Arsenal robuster, schwerer und aufwendig zu reinigender Maschinen bestückt. Unverzichtbarer Bestandteil dieses Maschinenparks war der Mixer. Dieser bestand aus einem stationären, ziemlich schwergewichtigen Unterteil und einem abnehmbaren Gefäßteil, meist aus Glas oder Aluminium. Auf die gleiche Maschine konnte man auch ein voluminöseres Gefäß für Teig mit einem entsprechende Aufsatz zum Teigkneten aufsetzen. Eine Alternative waren Küchengeräte, bei denen die Rührbesen von oben in die Schale eingeführt wurden, was den Vorteil hat, daß diese leichter zu reinigen und auswechselbar sind.

## 190 »Starmix MX 420«

Electrostar GmbH, Deutschland,
Anfang 50er Jahre.
Metallgehäuse, Glas.
H. 51 cm, D. 20 cm
**150,– bis 200,–**

*

***Der Sammlerkreis für solche Geräte ist eher klein.***

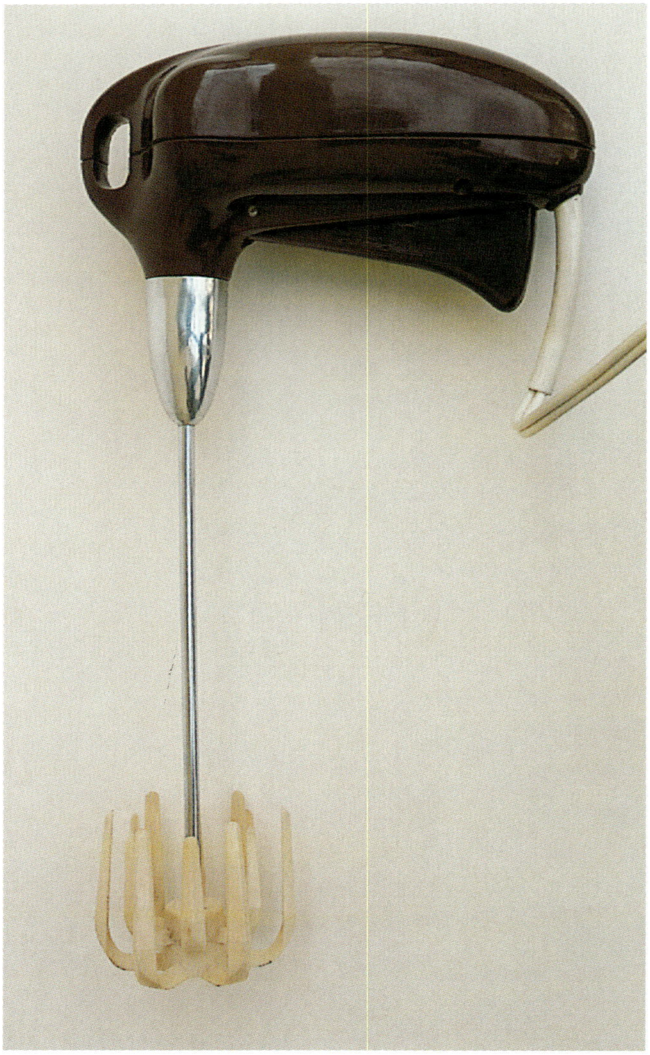

**191 Rührgerät**

Unbezeichnet (event. DDR), 50er Jahre.
Kunststoff, verchromtes Metall.
L. 28 cm, B. 6 cm, T. 15 cm
**50,– bis 80,–**

Ein Vorläufer der heutigen Rührmaschinen mit zwei abmontierbaren Rührstäben, die gegeneinander rotieren, stellt das linke Gerät dar, das nur vibriert.

Die Rührmaschine mit Drehkurbel rechts ist eine verbesserte Form der manuellen Geräte zum Schlagen von Sahne oder Eischnee. Angesicht heutiger billiger Elektrogeräte sind diese Geräte inzwischen weitgehend ungebräuchlich geworden.

**192 »Rührfix«**

Deutschland, wohl 60er Jahre.
Glas, Kunststoff, verchromtes Metall.
H. 24 cm, D. 10,5 cm
**20,– bis 30,–**

**193 Kaffemühle» Junior«**

Moulinex, Frankreich, 1960.
Kunststoffgehäuse, rot lackiertes Metall, Plexiglasdeckel.
H. 15 cm, D. 8,5 cm
**20,– bis 30,–**

Ist die Kaffeemühle von Moulinex noch dem organisch rundlichen Ideal der 50er Jahre verhaftet, demonstriert das Braun-Gerät die integrierte Systemästhetik der 60er Jahre. Verzichtet wird hier auf die betonte Unterteilung in organische Elemente, die auch farblich und formal entsprechend untergliedert sind. Dafür werden gegensätzliche Materialen und Farben zu einer Gesamtform zusammengefaßt, wobei sich eine Rund- und eine Kubusform gegenseitig durchdringen.

**194 Kaffemühle »Typ KMM1«**

Entwurf Reinhold Weiß (*1934), 1965; Hersteller Braun, Frankfurt/Main.
Kunststoff, eloxiertes Aluminium, Plexiglas.
H. 19 cm, B. 8 cm, T. 14,5 cm
**30,– bis 40,–**

## 195 Türdrücker mit Beschlag

Entwurf Henry van de Velde (1863–1957), Weimar, 1904.
Gegossenes Messing.
H. 22,5 cm
**Paar 7.000,– bis 10.000,–**

*

***Seltener Designklassiker mit »Jugendstil-Bonus«.***

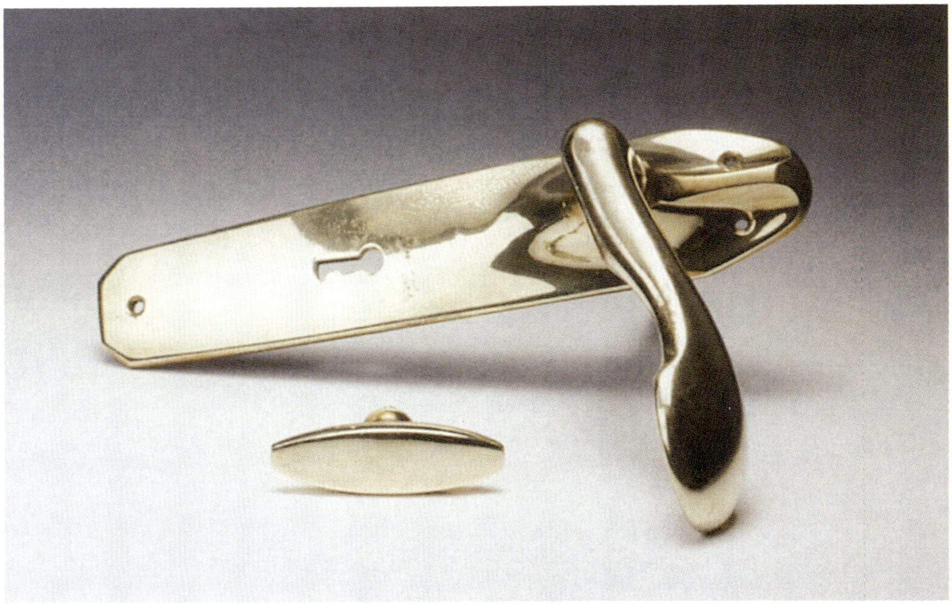



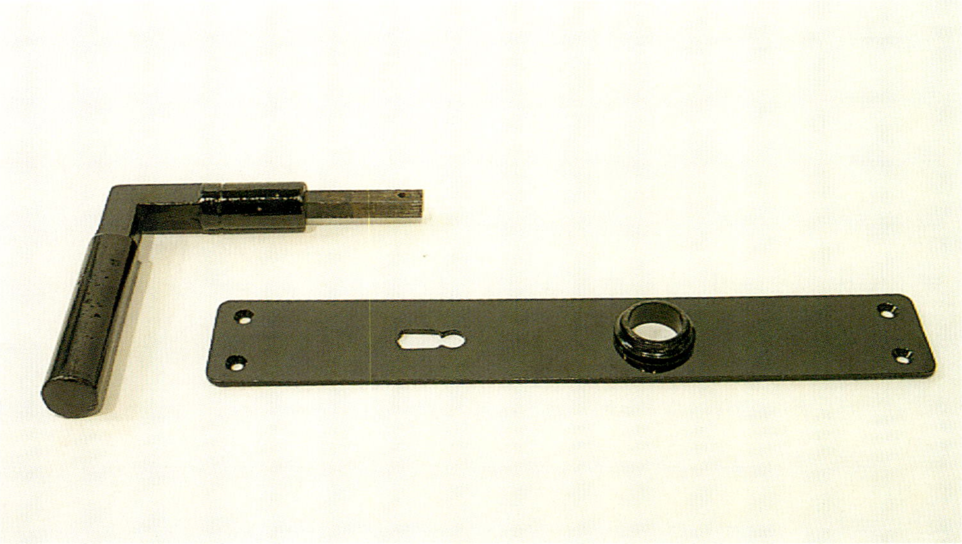

## 196 Türdrücker mit Beschlag

Entwurf Walter Gropius (1883–1969), 1922;
Ausführung S. A. Loevy, Berlin.
Schwarz lackierter Eisenguß.
L. 11,3 cm
**Paar 200,– bis 300,–**

*

***Im Gegensatz zu den van de Velde-Türdrückern praktisch geschenkt.***

Wir sind heute daran gewöhnt, funktional mit rechteckig gleichzusetzen. So erstaunt es, wenn wir in van de Veldes Autobiographie ständig über seine Bemühungen um funktionale und vernünftige Form lesen, die er in uns unvernünftig anmutenden Arabesken des Jugendstils verwirklichte.

Demgegenüber ist es Gropius, dem legendären Begründer und Leiter des Bauhauses, gelungen, den Bauhausstil der 20er Jahre als funktional zu propagieren, obgleich sich das scheinbar Funktionale in der Praxis nicht immer als solches erweist. Vielmehr sehen wir, daß van de Veldes »handschmeichlerischer« Türdrücker mindestens ebenso logisch und funktionell ausfällt wie der geometrisch einfachere Entwurf von Gropius.

# Infos

## Literatur

Aus der Fülle der Publikationen zum Thema Design wurde neben ausgesprochenen Standardtiteln vor allem neuere Literatur erfaßt. Dort finden Sie meist ausführliche Bibliographien mit Hinweisen auf ältere Publikationen.


### *Lexika*

Georg C. Bertsch/Matthias Dietz/
Barbara Friedrich
Ambiente Euro-Design-Guide
München 1991
*Ein Führer durch die Designszene von A – Z. Neben den Klassikern werden hier vor allem die aktuellen Entwerfer und Firmen aufgeführt.*

Mel Byars
Design Encyclopedia.
1880 to the Present
München 1994
*Standardlexikon zum Thema Design mit Anspruch auf Vollständigkeit. In englischer Sprache.*

Thomas Heider/Markus Stegmann/
René Zey
Lexikon Internationales Design
Hamburg 1994
*Wichtige Designer und Firmen werden ausführlich in lexikalischen Aufsätzen behandelt.*

### *Allgemeine Publikationen*

Colin Amery
Pioneers of Modern Furniture
Stockbridge 1991
*Katalog einer Ausstellung mit Möbelklassikern bei Fischer Fine Art, London.*

Albrecht Bangert
Italienisches Möbeldesign.
Klassiker von 1945 bis 1985
München 1985
*Reich bebildert.*

Bauhaus-Archiv
Die Metallwerkstatt am Bauhaus
Berlin 1992
*Umfangreiche Dokumentation.*

Georg C. Bertsch/Ernst Hedler
SED – Schönes Einheits Design
Köln 1990
*Amüsantes Bilderbuch zum DDR-Design.*

Werner Blaser
Elementsystemmöbel.
Wege von der Architektur
zum Design
Stuttgart 1984
*Substanzielle Ausführung.*

Nina Börnsen-Holtmann
Italian Design
Köln 1994

Andrea Branzi
The Hot House.
Italian New Wave Design
London 1984
*In englischer Sprache.*

Bröhan-Museum
Metallkunst, Kunst vom Jugendstil
zur Moderne (1889 – 1939).
Sammlung H. Bröhan. Bd. IV.
Berlin 1990
*Umfangreicher Sammlungskatalog mit teilweise zeitgenössischen Texten.*

Torsten Bröhan/Thomas Berg
Avantgarde Design 1880 – 1930
Köln 1994
*Schönes Bilderbuch mit kompakter Einführung.*

Bernhard E. Bürdek
Design.
Geschichte, Theorie und Praxis
der Produktgestaltung
Köln 1991
*Design und Designtheorie von Platon bis heute.*

Joan Campbell
Der Deutsche Werkbund
1907 – 1934
München 1989
*Spannend wie ein Krimi.*

Magdalena Droste
Bauhaus, Bauhausarchiv 1919 – 1933
Köln 1993
*Bilderreiche Dokumentation.*

Merve Eisinger
Stühle des 20. Jahrhunderts.
Funktionsmöbel und Designerstücke
München 1994

Michael Erlhoff (Hrsg.)
Deutsches Design 1950 – 1990
München 1990
*Umfangreiche Bilddokumentation aus allen Designbereichen.*

Charlotte und Peter Fiell
Die modernen Klassiker.
Das Möbeldesign seit 1945
Schaffhausen/Zürich/
Frankfurt a. M./Düsseldorf 1991
*Buntes Bilderbuch mit kompakten, nach Jahrzehnten geordneten Einführungen.*

Charlotte & Peter Fiell
Modern Chairs
Köln 1993
*Bilderreiche Materialsammlung.*

Volker Fischer
Design heute.
Maßstäbe: Fomgebung zwischen
Industrie und Kunst-Stück
München 1988
*Verschiedene Aspekte des modernen Designs mit Exkurs zu den Klassikern.*

Thomas Föhl u. a.
Bauhaus-Museum Weimar
München/Berlin 1995
*Handlicher, reich bebildeter Führer.*

Gilbert Frey
Das moderne Sitzmöbel
von 1850 bis heute
Sulgen 1992

Heinz Fuchs/François Burkhardt
Produkt – Form – Geschichte.
150 Jahre deutsches Design
Stuttgart 1988
*Umfangreiche Dokumentation.*

Philippe Garner
Möbel des 20. Jahrhunderts.
Internationales Design vom
Jugendstil bis zur Gegenwart
München 1980
*Detaillierte, reich bebilderte Abhandlung.*

Jan van Geest/Otakar Máčel
Stühle aus Stahl.
Metallmöbel 1925–1940
Köln 1980
*Standardwerk zum Thema.*

Sonja Günther
Die fünfziger Jahre.
Innenarchitektur und Wohndesign
Stuttgart 1994
*Substanzielle Abhandlung.*

Raymond Guidot
Design, die Entwicklung der
modernen Gestaltung
Stuttgart 1994
*Internationale Übersicht.*

Thomas Hauffe
Schnellkurs Design
Köln 1995
*Gut gegliederte Einführung.*

Florian Hufnagel (Hrsg.)
Plastics + Design
Stuttgart 1997
*Für sich schon sammelwürdiger und für seine Gestaltung ausgezeichneter Katalog der Plastikausstellung in der Neuen Sammlung in München im Frühjahr 1998.*

Dan Klein/Margaret Bishop
Decorative Art 1880–1980
Oxford 1988
*Englischlastige Abhandlung.*
*In englischer Sprache.*

Eugen Leitherer
Industrie-Design.
Entwicklung – Produktion –
Ökonomie
Stuttgart 1991
*Tiefschürfende Analyse.*

G. Lueg
Design im 20. Jahrhundert
Köln 1989
*Umfangreicher Bestandskatalog des Museums für angewandte Kunst in Köln, in dem auch weniger bekannte Stücke abgebildet sind.*

James Mackay
Kunst und Kunsthandwerk der
Jahrhundertwende
München 1975
*Nicht immer fehlerfreie, aber grundlegende und lexikalisch aufbereitete Dokumentation.*

Dorothee Müller
Klassiker des modernen
Möbeldesigns.
Otto Wagner – Adolf Loos –
Josef Hoffmann – Kolomann Moser
München 1980

Barbara Mundt
Produkt-Design 1900–1990.
Eine Auswahl
Berlin 1991
*Bildführer zur Neuen Sammlung im Berliner Kunstgewerbemuseum. Ansprechend aufbereitetes Standardwerk mit ausführlichen Erläuterungen zu jedem Stück.*

Barbara Mundt/Susanne Netzer/
Ines Hettler
interieur + design.
1945–1960 in Deutschland
Berlin 1993
*Herausgegeben vom Berliner Kunstgewerbemuseum.*

Werner J. Schweiger
Meisterwerke der Wiener Werkstätte
Wien 1990

Gert Selle
Geschichte des Design
in Deutschland.
Produktkultur als Entwurf und
Erfahrung
Frankfurt a. M./New York 1994
*Theorielastige, aber sachkompetente Analyse.*

Klaus-Jürgen Sembach/Gabriele
Leuthäuser/Peter Gössel
Möbeldesign des 20. Jahrhunderts
Köln 1991
*Bilderreiche und gut aufbereitete Einführung.*

Klaus-Jürgen Sembach
Moderne Klassiker.
Möbel, die Geschichte machen
Hamburg 1991
*Standardwerk zu noch lieferbaren Designklassikern.*

E. Lucie-Smith
A History of Industrial Design
Oxford 1983
*In englischer Sprache.*

Penny Sparke
Italienisches Design.
Von 1870 bis heute
Braunschweig 1989
*Brillant geschriebene, reich bebilderte Einführung.*

Wolf Uecker
Lichtkunst. Lampen des
Art Nouveau und Art Déco
Rastatt 1992
*Reiche Materialsammlung.*

Alexander von Vegesack
Deutsche Stahlrohrmöbel.
650 Modelle aus Katalogen
von 1927–1958
München 1986
*Standardwerk zum Thema.*

Dieter Weidmann
Klassiker des modernen
Wohndesigns
München 1996
*Aktuelle Auswahl der als Re-Editionen lieferbaren Designklassiker (Möbel und Lampen). Mit vielen Farbabbildungen, Infos und dem jeweiligen Ladenpreis der Stücke.*

Hans Wichmann (Hrsg.)
Industrial Design – Unikate –
Serienerzeugnisse
München 1985
*Die »Bibel« des modernen Designs.*

Hans Wichmann
Italian Design 1945 bis heute
Basel/Boston/Berlin 1988
*Standardwerk.*

Hans Wichmann
Design Contra Art déco
1927–1932. Jahrfünft der Wende
München 1993
*Pointierte und dichte Darstellung der wichtigsten Jahre der Designgeschichte.*

Siegfried Wichmann
Jugendstil – floral – funktional
Herrsching 1984
*Stilkritische Darstellung. Katalog der Ausstellung im Bayerischen Nationalmuseum in München.*

H. M. Wingler (Hrsg.)
Bauhaus-Archiv-Museum
Berlin 1981

Tom Wolfe
Mit dem Bauhaus leben
Frankfurt a. M. 1990
*Amüsant-literarischer Angriff auf die Bauhausästhetik.*

Dieter Zühlsdorff
Markenlexikon, Porzellan und
Keramik Report 1885–1935
Stuttgart 1989
*Umfangreiches (800 Seiten, 9.000 Markenabbildungen) und nützliches Hilfsmittel bei der Keramikbestimmung.*

### *Einzelne Designer*

Folgend eine Auswahl neuerer und populärer Publikationen. Vor allem über Designer, die auch Architekten waren, gibt es z. T. sehr reichhaltige Literatur.

Werner Blaser
Alvar Aalto als Designer
Stuttgart 1982

Magdalene Droste/Manfred Ludewig
Marcel Breuer
Köln 1992

Brian Brace Taylor
Pierre Chareau
Köln 1992

Peter Adam
Eileen Gray.
Architektin/Designerin
Schaffhausen/Zürich/
Frankfurt a. M./Düsseldorf 1987

John and Marilyn Neuhart
with Ray Eames
Eames Design
Berlin 1989

Carsten Thau/Kjeld Vindum
Arne Jacobsen
Kopenhagen 1998
*Große Monographie.*
*In dänischer Sprache.*

Renato De Fusco
Le Corbusier.
Der edle Barbar der Moderne
Wiesbaden 1995

Eva B. Ottlinger
Adolf Loos. Wohnkonzepte und Möbelentwürfe
Salzburg 1994

Jan van Geest
Jean Prouvé. Möbel
Köln 1991

Werner Blaser
Mies van der Rohe.
Möbel und Interieurs
Stuttgart 1980

Dieter Rams
Weniger, aber besser
Hamburg 1995

Sonja Günther
Lilly Reich 1885–1947.
Innenarchitektin, Designerin, Ausstellungsgestalterin
Stuttgart 1988

Daniele Baroni
Ursprung des modernen Möbels.
Das Werk Rietvelds
Stuttgart 1979

Barbara Radice
Ettore Sottsass
München 1993

Christine Colin
Philippe Starck
Köln 1991

Alexander von Vegesack
Das Thonet Buch
München 1987

Albrecht Bangert/Peter Ellenberg
Thonetmöbel.
Bugholzklassiker von 1830–1930
München 1993
*Ein Handbuch für Liebhaber und Sammler*

Carlo Burschel (Hrsg.)
Zeitgemäß und Zeitbeständig.
Industrieformen von Wilhelm Wagenfeld
Bremen 1997

Beate Manske/Gudrun Scholz (Hrsg.)
Täglich in der Hand. Industrieformen vom Wilhelm Wagenfeld
Bremen 1987

P. Asenbaum/P. Haiko/H. Lachmeyer/R. Zettl
Otto Wagner.
Möbel und Innenräume
Salzburg 1994

Thomas A. Heinz
Frank Lloyd Wright.
Furniture and Interiors
Berlin 1994

### *Allgemeine Sammlerinfos und Sonstiges*

WELTKUNST.
Aktuelle Zeitschrift für Kunst und Antiquitäten
*Informiert über das Geschehen vor allem im deutschsprachigen, aber auch internationalen Kunst- und Auktionshandel. Aktuelle Ausstellungs-, Auktions- und Messetermine. Erscheint 15 mal im Jahr.*

Antiquitäten-Zeitung
*Informiert vor allem über das Auktionsgeschehen, über Preisentwicklungen und die Marktsituation. Aktuelle Veranstaltungstermine. Erscheint alle zwei Wochen.*

Trödler & Sammeln.
Deutschlands große Sammlerzeitschrift
*Gut illustrierte Artikel, vor allem über neuere Sammelgebiete, Design und angewandte Kunst des 20. Jahrhunderts. Termine der Sammlerbörsen, Antik- und Trödelmärkte in Deutschland und im grenznahen Ausland. Erscheint monatlich.*

Kunstpreis-Jahrbuch
*Das umfangreiche illustrierte Nachschlagewerk der Profis erscheint jährlich neu und enthält in drei Bänden über 20.000 Auktionsergebnisse deutscher und internationaler Auktionshäuser.*

Renate Möller
Möbel
vom Barock bis zur Gegenwart
Weltkunst Antiquitäten-Führer
München/Berlin 1997
*Mit einem Kapitel über Designklassiker.*

Renate Möller/Dieter Weidmann
Kunst und Antiquitäten von A bis Z
Weltkunst Antiquitäten-Führer
München/Berlin 1996
*Mit allgemeinen Sammel- und Einkaufstips.*

Dieter Weidmann
Art déco.
Der Stil der 20er und 30er Jahre
Weltkunst Antiquitäten-Führer
München/Berlin 1995

Günther Picker
Antiquitäten, Kunstgegenstände.
Alles über Recht, Steuer, Versicherung
Augsburg 1996

## Museen

Bauhaus-Archiv
Museum für Gestaltung
Klingelhöferstraße 4
10785 Berlin
*Veranstaltet auch Wechselausstellungen im Gropius-Bau.*

Bauhaus-Museum Weimar
Burgplatz 4
99423 Weimar

Kunstgewerbemuseum
Matthäikirchplatz 10
10785 Berlin

Bröhan-Museum
Landesmuseum für Jugendstil, Art Déco und Funktionalismus (1889 – 1939)
Schloßstraße 1a
14059 Berlin

Museum für Kunst und Gewerbe
Steintorplatz 1
20099 Hamburg

Wilhelm Wagenfeld Haus
Am Wall 209
28195 Bremen
*1998 von der Wagenfeld-Stiftung zusammen mit dem Design Zentrum Bremen eröffnetes Museum für internationales Design.*

Museum Thonet
Stuhlmuseum
Michael-Thonet-Straße 1
35066 Frankenberg

Museum für Angewandte Kunst
An der Rechtschule
50667 Köln

Die Neue Sammlung – Staatliches Museum für angewandte Kunst
Prinzregentenstraße 3
80538 München
*Ab dem Jahr 2000 in der neuerbauten Pinakothek der Moderne.*

Vitra Design-Museum
Charles-Eames-Straße 1
79576 Weil am Rhein
*Berühmte und umfangreiche Stuhlsammlung der Firma Vitra. Wegen Wechselausstellungen allerdings meist nur in Teilen zu besichtigen.*

Österreichisches Museum für angewandte Kunst
Stubenring 5
A-1010 Wien

The Museum of Modern Art
11 West 53rd Street
USA-New York, N. Y.
*Mit der berühmten Designabteilung.*

## Sachverständige

Nach einem teuren Kauf kann es sinnvoll sein, sich noch im Laufe der sechsmonatigen Frist, während der der Verkäufer für auf der Rechnung gemachten Angaben geradestehen muß, von der Korrektheit der Angaben zu überzeugen.

Allerdings gibt es bislang kaum öffentlich bestellte und vereidigte Sachverständige für Design. Am besten, Sie erkundigen sich bei Ihrer örtlichen Industrie- und Handelskammer, wer in Frage käme. Häufig kennen sich auch Sachverständige für die Bereiche Jugendstil und Art déco mit Design und angewandter Kunst der Moderne aus.

# Stichwortregister

Die Zahlen verweisen auf die jeweilige Seite. Kursiv gesetzte Seitenhinweise beziehen sich auf Seiten mit entsprechender Abbildung. Bei Künstlern, Designern etc. wurden die Vornamen abgekürzt, bei Herstellern ausgeschrieben. Es wurde nur auf Seiten verwiesen, wenn sich dort substanzielle Informationen zum jeweiligen Begriff finden.

Klaus Spindler, Kunsthandel, Baaderstraße 45, D-80469 München, Telefon + Fax 089/2016168

Schaukelstuhl

Eisen

England um 1840

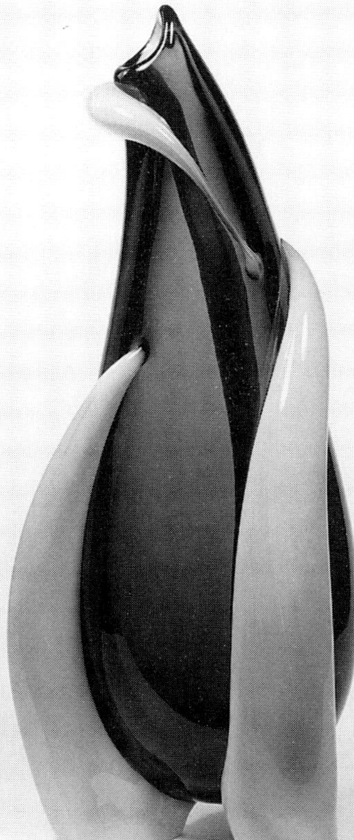

Große violette Vase, umfangen von drei aufgelegten Wülsten aus farblosem Glas mit Opalglasüberfang, die zu drei Füßen auslaufen.
Höhe 44,2 cm.
Diamantgravierte Signatur »2/24 design Claire Falkenstein 1973 Salviati Venezia«

**GALERIE VON SPAETH**
**GLAS DES 17.-20. JH.**

Theresienstraße 19 (4. Eingang Fürstenstraße) · 80333 München
Telefon/Fax 089/2809132

*„Harpan"-Stuhl, Jorg Høvelskov, Entwurf 1968 für Christensen, Kopenhagen. Erzielter Preis: ATS 18.000,–*

# Für Liebhaber und Sammler

*In Vorbereitung:*

- Altmeistergemälde
- Jugendstil

*Bereits erschienen:*

- **Art déco** Der Stil der 20er und 30er Jahre
- **Empire- und Biedermeiermöbel** *(in zweiter Auflage)*
- **Erotica**
- **Gemälde des 19. Jahrhunderts**
- **Glas** vom Barock bis zur Gegenwart
- **Kunst und Antiquitäten** von A bis Z
- **Modeschmuck** aus drei Jahrhunderten
- **Möbel** vom Barock bis zur Gegenwart
- **Ostasiatica**
- **Porzellan** von Meißen bis zur Gegenwart
- **Postkarten** von der Ansichtkarte bis zur Künstlerkarte
- **Schmuck**
- **Uhren** von der frühen Eisenuhr bis zur Armbanduhr

Deutscher Kunstverlag GmbH München Berlin
Nymphenburger Straße 84 · 80636 München
Tel. 089/12 15 16-26 · Fax 089/12 15 16-16